**プリント形式のリアル過去問で本番の臨場感！**

徳島県

# 徳島文理中学校

## 2025年春受験用 解答集

本書は，実物をなるべくそのままに，プリント形式で年度ごとに収録しています。
問題用紙を教科別に分けて使うことができるので，本番さながらの演習ができます。

## ■ 収録内容

・解答集（この冊子です）

書籍ＩＤ番号，この問題集の使い方，最新年度実物データ，リアル過去問の活用，
解答例と解説，ご使用にあたってのお願い・ご注意，お問い合わせ

・2024（令和６）年度 ～ 2020（令和２）年度　学力検査問題

JN132495

| ○は収録あり | 年度 | '24 | '23 | '22 | '21 | '20 | |
|---|---|---|---|---|---|---|---|
| ■ 問題(前期) | | ○ | ○ | ○ | ○ | ○ | |
| ■ 解答用紙(算数は書き込み式) | | ○ | ○ | ○ | ○ | ○ | |
| ■ 配点 | | | | | | | |

**算数に解説があります**

注）国語問題文非掲載：2023年度の二，2022年度の一

**問題文の非掲載につきまして**

著作権上の都合により，本書に収録している過去入試問題の本文の一部を掲載しておりません。ご不便をおかけし，誠に申し訳ございません。

本文の一部を掲載できなかったことによる国語の演習不足を補うため，論説文および小説文の演習問題のダウンロード付録があります。弊社ウェブサイトから書籍ＩＤ番号を入力してご利用ください。

なお，問題の量，形式，難易度などの傾向が，実際の入試問題と一致しない場合があります。

教英出版

## ■ 書籍ＩＤ番号

入試に役立つダウンロード付録や学校情報などを随時更新して掲載しています。
教英出版ウェブサイトの「ご購入者様のページ」画面で，書籍ＩＤ番号を入力してご利用ください。

書籍ＩＤ番号　102437

（有効期限：2025年9月30日まで）

**【入試に役立つダウンロード付録】**
「要点のまとめ(国語／算数)」
「課題作文演習」ほか

## ■ この問題集の使い方

年度ごとにプリント形式で収録しています。針を外して教科ごとに分けて使用します。①片側，②中央のどちらかでとじてありますので，下図を参考に，問題用紙と解答用紙に分けて準備をしましょう（解答用紙がない場合もあります）。

針を外すときは，けがをしないように十分注意してください。また，針を外すと紛失しやすくなりますので気をつけましょう。

① 片側でとじてあるもの

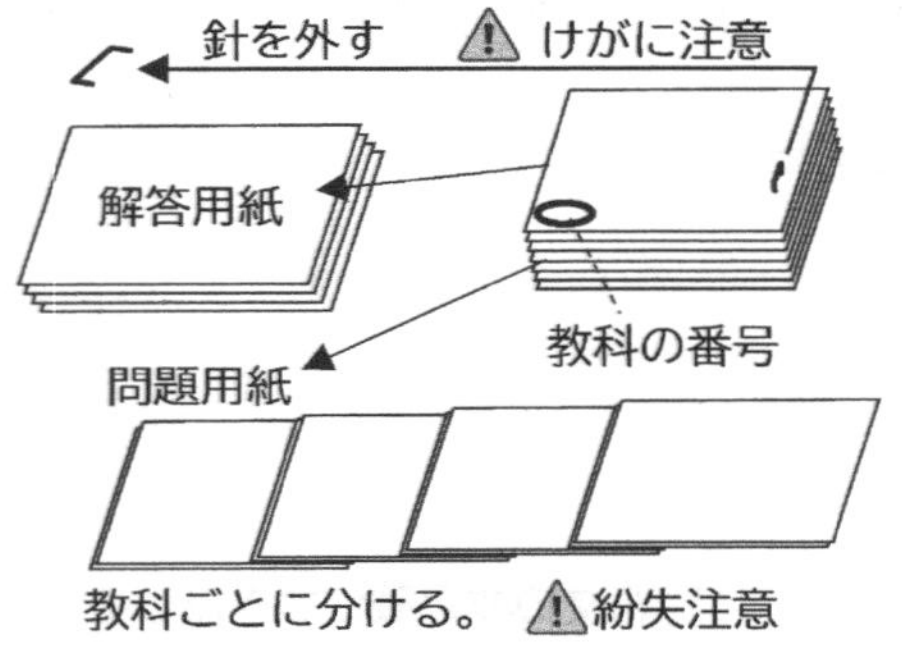


② 中央でとじてあるもの

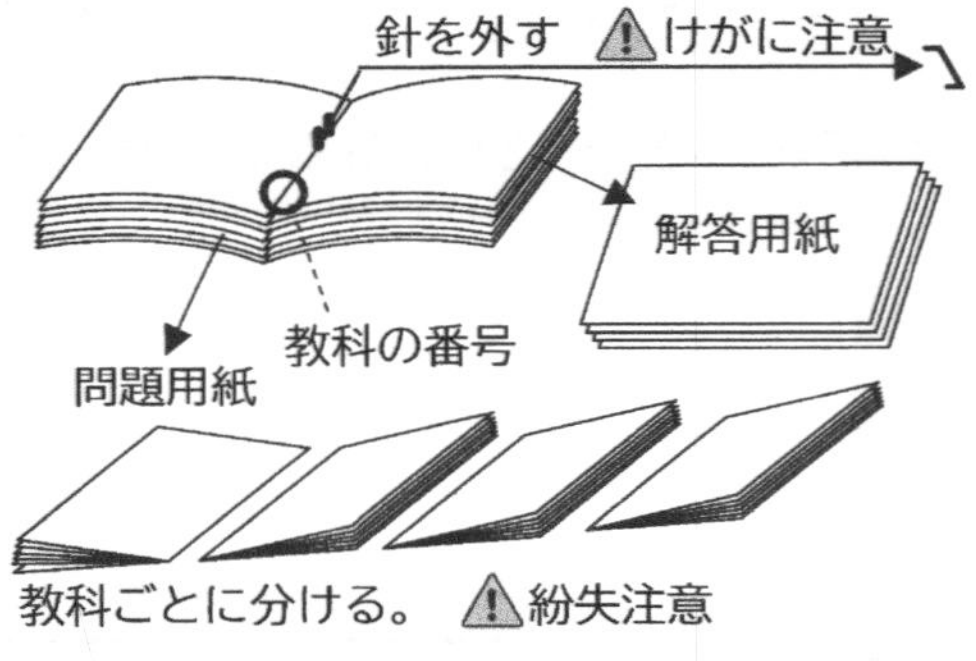


※教科数が上図と異なる場合があります。
解答用紙がない場合や，問題と一体になっている場合があります。
教科の番号は，教科ごとに分けるときの参考にしてください。

## ■ 最新年度 実物データ

実物をなるべくそのままに編集していますが，収録の都合上，実際の試験問題とは異なる場合があります。実物のサイズ，様式は右表で確認してください。

| | |
|---|---|
| 問題用紙 | Ｂ４片面プリント(算は書込み式) |
| 解答用紙 | Ｂ４片面プリント |

# リアル過去問の活用

～リアル過去問なら入試本番で力を発揮することができる～

## 本番を体験しよう！

問題用紙の形式（縦向き / 横向き），問題の配置や余白など，実物に近い紙面構成なので本番の臨場感が味わえます。まずはパラパラとめくって眺めてみてください。「これが志望校の入試問題なんだ！」と思えば入試に向けて気持ちが高まることでしょう。

## 入試を知ろう！

同じ教科の過去数年分の問題紙面を並べて，見比べてみましょう。

**① 問題の量**

毎年同じ大問数か，年によって違うのか，また全体の問題量はどのくらいか知っておきましょう。どのくらいのスピードで解けば時間内に終わるのか，大問ひとつにかけられる時間を計算してみましょう。

**② 出題分野**

よく出題されている分野とそうでない分野を見つけましょう。同じような問題が過去にも出題されていることに気がつくはずです。

**③ 出題順序**

得意な分野が毎年同じ大問番号で出題されていると分かれば，本番で取りこぼさないように先回りして解答することができるでしょう。

**④ 解答方法**

記述式か選択式か（マークシートか），見ておきましょう。記述式なら，単位まで書く必要があるかどうか，文字数はどのくらいかなど，細かいところまでチェックしておきましょう。計算過程を書く必要があるかどうかも重要です。

**⑤ 問題の難易度**

必ず正解したい基本問題，条件や指示の読み間違いといったケアレスミスに気をつけたい問題，後回しにしたほうがいい問題などをチェックしておきましょう。

## 問題を解こう！

志望校の入試傾向をつかんだら，問題を何度も解いていきましょう。ほかにも問題文の独特な言いまわしや，その学校独自の答え方を発見できることもあるでしょう。オリンピックや環境問題など，話題になった出来事を毎年出題する学校だと分かれば，日頃のニュースの見かたも変わってきます。

こうして志望校の入試傾向を知り対策を立てることこそが，過去問を解く最大の理由なのです。

## 実力を知ろう！

過去問を解くにあたって，得点はそれほど重要ではありません。大切なのは，志望校の過去問演習を通して，苦手な教科，苦手な分野を知ることです。苦手な教科，分野が分かったら，教科書や参考書に戻って重点的に学習する時間をつくりましょう。今の自分の実力を知れば，入試本番までの勉強の道すじが見えてきます。

## 試験に慣れよう！

入試では時間配分も重要です。本番で時間が足りなくなってあわてないように，リアル過去問で実戦演習をして，時間配分や出題パターンに慣れておきましょう。教科ごとに気持ちを切り替える練習もしておきましょう。

## 心を整えよう！

入試は誰でも緊張するものです。入試前日になったら，演習をやり尽くしたリアル過去問の表紙を眺めてみましょう。問題の内容を見る必要はもうありません。どんな形式だったかな？受験番号や氏名はどこに書くのかな？…ほんの少し見ておくだけでも，志望校の入試に向けて心の準備が整うことでしょう。

そして入試本番では，見慣れた問題紙面が緊張した心を落ち着かせてくれるはずです。

※まれに入試形式を変更する学校もありますが，条件はほかの受験生も同じです。心を整えてあせらずに問題に取りかかりましょう。

# 2024 解答例 令和6年度　徳島文理中学校

## 《国　語》

一　問一．㋐たいべつ　㋑先見性　㋒変種　㋓転機　㋔もと　問二．A．エ　B．ア　問三．種々の生物を総合的な視点で見ながら、「生命とはなにか」を問う学問　問四．それは「人　問五．「DNAの持つ情報のもとに作られたさまざまなたんぱく質がはたらいている」という現象。　問六．地球上の他の生きものすべてとつながっている生きものとしてのヒトについての知識。　問七．ウ

二　問一．㋐熱血漢　㋑じんご　㋒じふ　㋓再構成　㋔ほんもう　問二．A．イ　B．エ　C．ウ
問三．X．異　Y．理　問四．優人はコッコを学校で飼ってもらおうとしたが、杉原は一方的に「学校がもらうことになった」と、どのようにコッコを扱ってもよいととれるような発言を行っている点。　問五．みんなのためにニワトリを教材として提出すべきだというクラス中の無言の圧力を感じ、また、杉原が母親に連絡をとったことによってさらにそのムードが高まったから。　問六．優人は教材にするためにニワトリを飼っていたのではないということ。　問七．今、そこにある命が、自分の命を支えてくれる、自分の血や肉になるという

## 《算　数》

1　(1) $\frac{2}{7}$　(2) $\frac{5}{72}$　(3)1111089　(4)2024

2　(1)6　(2)23　(3)2　(4)322

3　(1)150　(2)100　(3)14

4　(1)100　(2)16.8　(3)(ア)37.85　(イ)31.625　(4)135

5　(1)1：2　(2)15

6　(1)正六角形　(2)108

# 2024 算数解説 ▶ 徳島文理中学校

令和６年度

1　(1)　与式$=(\frac{35}{21}-\frac{27}{21})\times\frac{3}{4}=\frac{8}{21}\times\frac{3}{4}=\mathbf{\frac{2}{7}}$

(2)　与式$=(\frac{21}{24}-\frac{20}{24})-\frac{3}{4}+\frac{7}{9}=\frac{1}{24}+\frac{7}{9}-\frac{3}{4}=\frac{3}{72}+\frac{56}{72}-\frac{54}{72}=\mathbf{\frac{5}{72}}$

(3)　与式＝(10－１)＋(100－２)＋(1000－３)＋(10000－４)＋(100000－５)＋(1000000－６)＝(10＋100＋1000＋10000＋100000＋1000000)－(１＋２＋３＋４＋５＋６)＝1111110－21＝**1111089**

(4)　与式$=11\times23\times\frac{2}{1}\times\frac{2}{1}\times\frac{2}{1}=$**2024**

2　(1)　**【解き方】(あ)は，14，21，28，35，42，49，56，63，70，77，84…と続き，(い)は，４，１，８，５，２，９，６，３，０，７という10個の数をくりかえす。**

17番目の数字は，17÷10＝１余り７より，(い)の７番目の数字の**6**と同じである。

(2)　(1)より，(い)は，４，１，８，５，２，９，６，３，０，７という10個の数をくりかえす。10個の数字の合計は，４＋１＋８＋５＋２＋９＋６＋３＋０＋７＝45である。45×２＋４＋１＝95，95＋８＝103より，はじめて３桁《けた》になるのは20＋３＝**23**(番目)までたしたときである。

(3)　(2)より，(い)の10個の数字の合計は45である。200÷45＝４余り20で，４＋１＋８＋５＋２＝20なので，(い)の数字をはじめから順番にたしたとき，ちょうど200になるときの(い)の数字は**2**である。

(4)　(3)より，(い)の数字をはじめから順番にたしたとき，ちょうど200になるときの２は10×４＋５＝45(番目)なので，その(あ)の数字は７×(45＋１)＝**322**である。

3　(1)　右のグラフより，お父さんは，12分後に会場に着いて，引き返しているので，1.8㎞＝1800m

1800÷12＝150より，お父さんの早足の速さは，分速**150**mである。

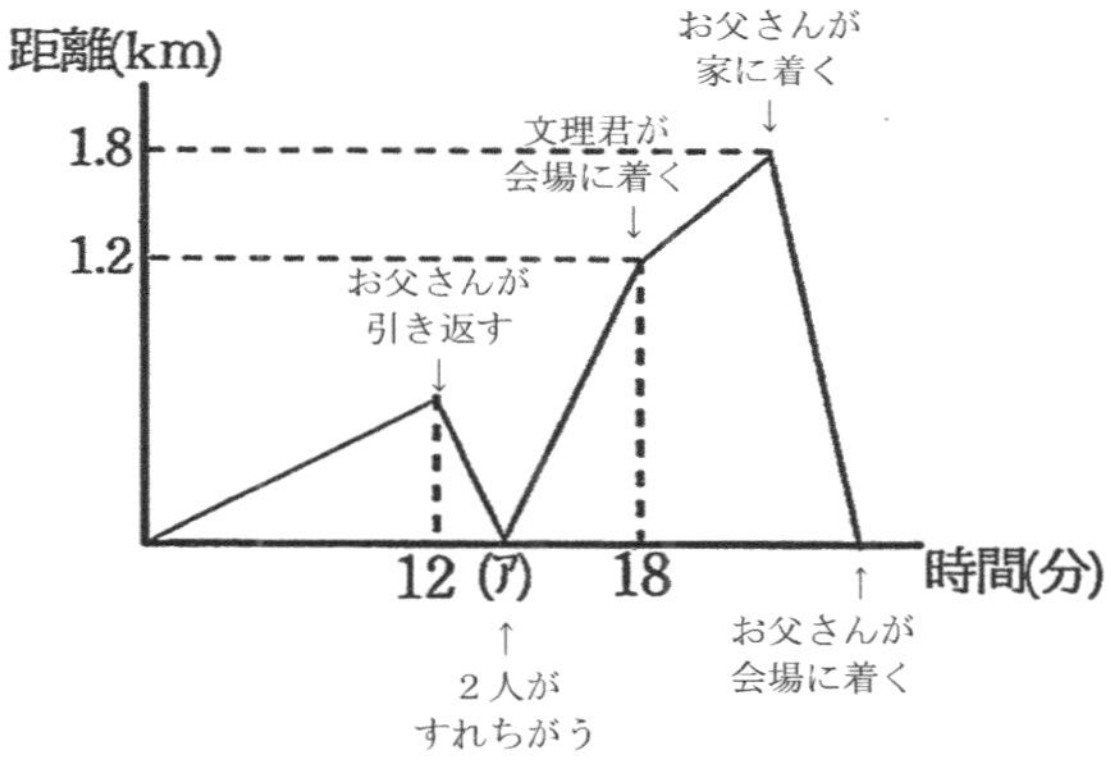


(2)　(1)のグラフより，文理君は18分後に会場に着いているので，1800÷18＝100より，文理君の歩く速さは，分速**100**mである。

(3)　お父さんが会場について引き返したとき，文理君は家から100×12＝1200(m)の地点にいるので，お父さんとのきょりは1800－1200＝600(m)である。グラフより，お父さんは，文理君が会場に着いたとき，会場から1.2㎞＝1200m離れたところにいるので，お父さんの走る速さは，1200÷(18－12)＝200より分速200mである。よって，(ア)は，お父さんが引き返してから600÷(200＋100)＝２(分後)であり，２人が家を出てから12＋２＝**14**(分後)である。

4　(1)　**【解き方】右の図のように，斜線部を移動してみる。**

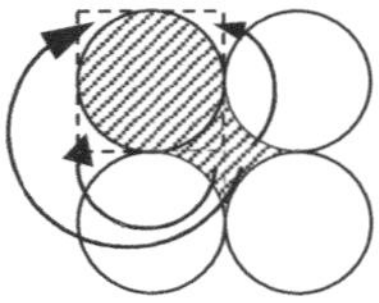

斜線部の面積は，１辺が５×２＝10(㎝)の正方形の面積と等しいことがわかる。

求める面積は，10×10＝**100**(㎠)である。

(2)　**【解き方】台形ＡＢＣＤの高さは，真ん中の三角形の底辺を５㎝としたときの高さに等しい。**

真ん中の三角形の面積は，３×４÷２＝６(㎠)で，底辺を５㎝の辺とすると，高さは$6\times2\div5=\frac{12}{5}$(㎝)である。

よって，台形ＡＢＣＤの面積は，$(5+9)\times\frac{12}{5}\div2=\frac{84}{5}=$**16.8**(㎠)である。

⑶　右の図で，三角形ＡＢＯと三角形ＯＣＤは合同な三角形である。

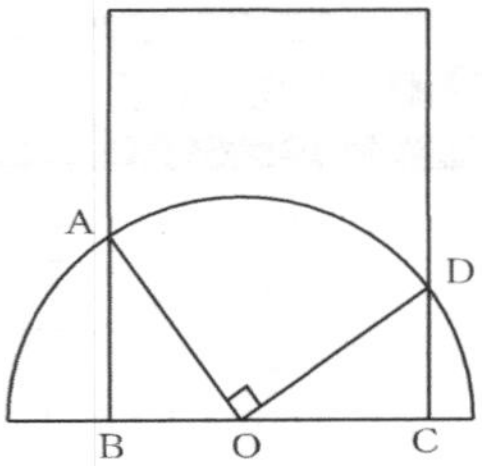


角ＢＡＯ＋角ＢＯＡ＝180°－90°＝90°で，角ＢＡＯ＝角ＣＯＤだから，
角ＣＯＤ＋角ＢＯＡ＝90°　　よって，角ＡＯＤ＝180°－90°＝90°である。
(ア)で求める長さは，直線部分(10－４)＋７＋(10－３)＋５×２＝30(cm)と，
曲線部分５×２×3.14×$\frac{90}{360}$＝7.85(cm)の合計で，30＋7.85＝**37.85**(cm)である。
(イ)で求める面積は，三角形ＡＢＯとおうぎ形ＡＯＤと三角形ＯＣＤの面積の
合計なので，３×４÷２＋５×５×3.14×$\frac{90}{360}$＋３×４÷２＝**31.625**(cm²)である。

⑷　図４の三角形ＡＢＣで，●＋●＋○＋○＋90°＝180°なので，●＋●＋○＋○＝90°であり，●＋○＝90°÷２＝45°である。三角形ＡＦＣで，(ア)の角の大きさは，180°－(●＋○)より，180°－45°＝**135°**である。

５　⑴　**【解き方】三角形ＦＤＥと三角形ＦＣＢ，三角形ＡＤＥと三角形ＡＢＣは，それぞれ，同じ形で大きさのちがう三角形である。**
まず，三角形ＦＤＥと三角形ＦＣＢについて考えてみると，ＢＦ：ＦＥ＝２：１なので，ＢＣ：ＥＤも２：１とわかる。次に，三角形ＡＤＥと三角形ＡＢＣについて考えてみると，ＤＥ：ＢＣ＝１：２なので，ＡＥ：ＡＣも
**１：２**とわかる。

⑵　三角形ＤＥＦの面積が５cm²なので，三角形ＢＤＦの面積は５×$\frac{2}{1}$＝10(cm²)である。ＣＦ：ＤＦ＝ＢＦ：ＥＦ＝２：１で，三角形ＢＤＦの面積が10cm²なので，三角形ＦＢＣの面積は10×$\frac{2}{1}$＝20(cm²)である。同様に考えて，三角形ＥＣＦの面積は，20×$\frac{1}{2}$＝10(cm²)である。ここで，三角形ＢＡＥの面積は，三角形ＢＥＣと等しく，三角形ＡＤＥの面積は(三角形ＢＡＥの面積)－(三角形ＢＥＤの面積)である。(三角形ＢＡＥの面積)＝(三角形ＢＥＣの面積)＝20＋10＝30(cm²)より，三角形ＡＤＥの面積は，30－(10＋５)＝**15**(cm²)である。

６　⑴　展開図を組み立ててできた立方体と，切り口は右の図の通りである。

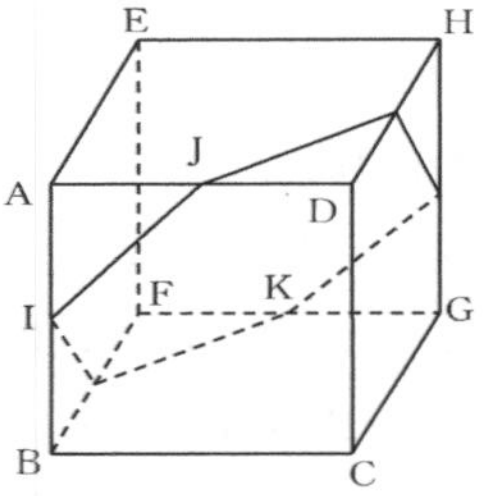


切り口にできる図形は，**正六角形**である。

⑵　点Ｉ，Ｊ，Ｋを通る平面で切断した２つの部分は，向きを変えると同じ形の立体であることがわかる。頂点Ｃを含む側の立体の体積は，
６×６×６÷２＝**108**(cm³)である。

# 2023 解答例 徳島文理中学校

令和5年度

## 《国　語》

一　問一．㋐都合　㋑活性　㋒しゅき　㋓遺書　㋔ぎょうしゅ　　問二．効率という言葉が正義になってしまったということ。　　問三．一冊の本とゆっくり向かい合う時間　　問四．書かれた文字をもとに脳内に光景や論理を立ち上がらせる創造行為。　　問五．書物のなか　　問六．「扉をあける読書」をすることによって、読書が自分のなかで深まり、世界が再構成されて、これまで見えていなかったものを読み取れたり、著者の気持ちがより強く伝わってきたりするようになるということ。　　問七．世界は更新される　　問八．効率

二　問一．㋐招待　㋑印刷　㋒こた　㋓幸運　㋔のうり　　問二．エ　　問三．A．イ　B．ウ　　問四．自分もほんとうは存在しないかもしれないという不安。〔別解〕自分も出番がなくなったら消え去るのかというこわさ。　　問五．X．エ　Y．イ　　問六．自分たちは誰かのお話の中の登場人物だといううわさ。〔別解〕自分たちはほんとうは存在しないのだといううわさ。　　問七．自分は誰かの書いたお話に出てくるオオカミなどではなく、ここにほんとうに存在していて、自分が自分を支配しているということを確かめたかったから。

## 《算　数》

1　(1)$\frac{2}{7}$　(2)$\frac{19}{45}$　(3)$\frac{5}{16}$　(4)$\frac{1}{2}$　(5)1240000

2　(1)19，29　(2)31　(3)69

3　(1)15　(2)15　(3)562.5

4　(1)58　(2)67.5　(3)242.24　(4)57

5　(1)1：3　(2)3：2　(3)4

6　(1)$31\frac{1}{2}$　(2)153　(3)$31\frac{1}{2}$

# 2023 算数解説 令和5年度 ▶ 徳島文理中学校

1 (1) 与式$=(\frac{14}{35}-\frac{5}{35})\times\frac{1}{3}+\frac{1}{5}=\frac{9}{35}\times\frac{1}{3}+\frac{1}{5}=\frac{3}{35}+\frac{7}{35}=\frac{10}{35}=\mathbf{\frac{2}{7}}$

(2) 与式$=(\frac{15}{10}-\frac{8}{10})-(\frac{21}{18}-\frac{16}{18})=\frac{7}{10}-\frac{5}{18}=\frac{63}{90}-\frac{25}{90}=\frac{38}{90}=\mathbf{\frac{19}{45}}$

(3) 与式$=(\frac{1}{2}-\frac{1}{3})+(\frac{1}{4}-\frac{1}{6})+(\frac{1}{8}-\frac{1}{12})+(\frac{1}{16}-\frac{1}{24})=\frac{1}{2\times3}+\frac{6-4}{4\times6}+\frac{12-8}{8\times12}+\frac{24-16}{16\times24}=\frac{1}{6}+\frac{1}{12}+\frac{1}{24}+\frac{1}{48}=\frac{8}{48}+\frac{4}{48}+\frac{2}{48}+\frac{1}{48}=\frac{15}{48}=\mathbf{\frac{5}{16}}$

(4) 与式$=\frac{1}{2}\times3\times\frac{1}{4}\times\frac{1}{6}\div\frac{1}{8}=\frac{1}{2}\times3\times\frac{1}{4}\times\frac{1}{6}\times8=\mathbf{\frac{1}{2}}$

(5) 与式＝1984×５×５×５×５＝9920×５×５×５＝49600×５×５＝248000×５＝**1240000**

2 (1) **【解き方】21，１，３，５｜23，７，９，11｜25，13，15，17｜27，…のように４つずつの数字をグループ分けし，最初のグループを第１グループ，２番目のグループを第２グループ，…とする。**

**各グループの先頭の数は21，23，25，…となり，21から始まる連続する奇数である。**

**各グループの先頭以外の３つの数は１，３，５，７，９，…となり，１から始まる連続する奇数である。**

１つ目の27は第４グループの先頭に現れる。よって，27の次の数は第３グループの最後の数より２大きい数だから，17＋２＝**19**である。

２つ目の27はグループの先頭以外の１から連続する奇数の並びに現れる。27÷２＝13余り１より，27は13＋１＝14(番目)の奇数だから，14÷３＝４余り２より，第５グループの先頭を除《のぞ》いた２番目の数である。

よって，次の数は27より２大きい数だから，**29**である。

(2) **【解き方】各グループの先頭の数は21から始まり，１つのグループごとに２ずつ大きくなる。また，グループの２番目の数は１から始まり，１つのグループごとに２×３＝６ずつ大きくなる。よって，先頭の数と２番目の数の差は１つのグループごとに６－２＝４ずつ縮《ちぢ》まると考えられる。**

第１グループの先頭の数と２番目の数の差は21－１＝20より，20÷４＝５(グループ)後，つまり第６グループの先頭と２番目の数がはじめて等しくなる。よって，求める数は21＋２×５＝**31**である。

(3) **【解き方】(2)より，グループの先頭の数とそれ以外の数は31ではじめてとなり合い，以降は同じグループ内では先頭の数が最小の数となる。よって，55が２回目に出てくるのは，グループの先頭の数が55となるときである。**

(55－21)÷２＋１＝18より，55は第18グループの先頭の数だから，はじめから数えて４×17＋１＝**69**(番目)である。

3 (1) ＡＥ＝ＤＦ＝15㎝，ＥＢ＝ＦＣ＝30㎝だから，ＡＤ，ＥＦ，ＢＣは平行である。よって，ＥＦ＝90㎝となる。Ｒの速さは毎秒６㎝だから，点Ｅに到着《とうちゃく》するのは90÷６＝**15**(秒後)である。

(2) Ｐの速さは毎秒５㎝だから，15秒後のＡからの距離《きょり》は90－５×15＝**15**(㎝)である。

(3) **【解き方】Ｑが停止するのはＢから３×15＝45(㎝)離《はな》れた地点だから，右図のような位置で３点は停止する。よって，三角形ＰＱＲの面積は，台形ＡＢＱＰの面積から三角形ＡＲＰ，三角形ＲＢＱの面積を引けば求められる。**

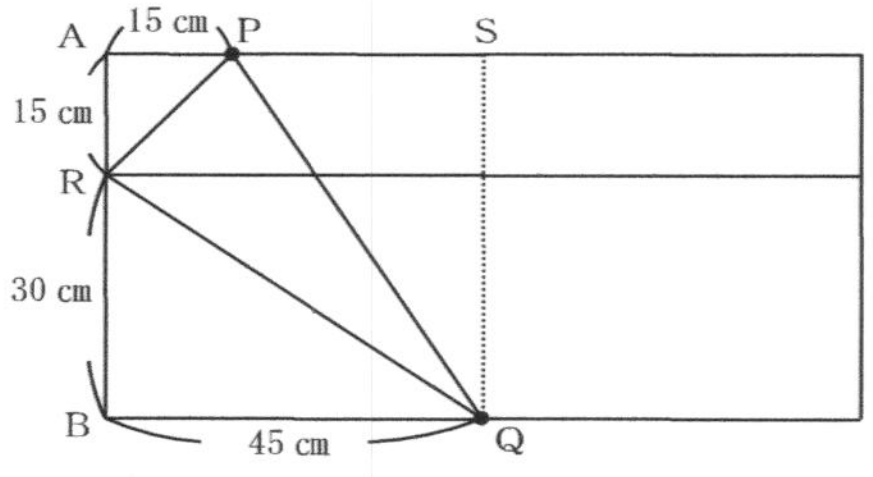


台形ＡＢＱＰの面積は，(15＋45)×(15＋30)÷２＝1350(㎠)

三角形ＡＲＰの面積は，15×15÷２＝112.5(㎠)

三角形ＲＢＱの面積は，30×45÷２＝675(㎠)である。よって，求める面積は，1350－112.5－675＝**562.5**(㎠)

4　⑴　**【解き方】折り曲げた部分と折る前の部分は合同であることを利用する。**

図1
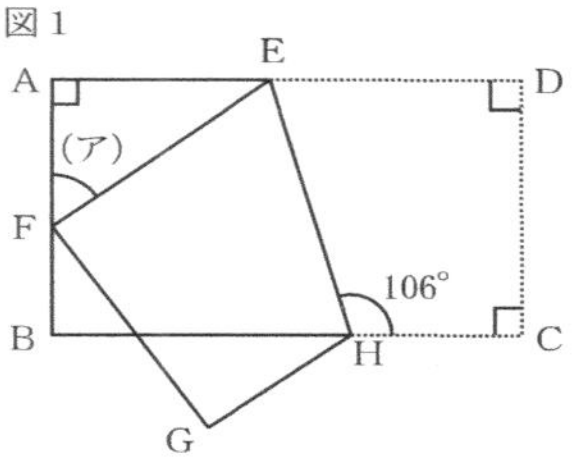


図１で，四角形の内角の大きさは360°だから，角ＤＥＨ＝
360°－(106°＋90°×２)＝74°より，角ＤＥＦ＝74°×２＝148°
三角形の１つの外角は，これととなり合わない２つの内角の和に等しいから，
角(ア)＋90°＝148°　　角(ア)＝148°－90°＝**58°**

⑵　**【解き方】図２で，ＡＥとＢＣは平行だから，三角形ＡＥＤと三角形ＣＢＤは形が同じで大きさの異なる三角形なので，角ＣＢＤ＝角(イ)である。**

図2
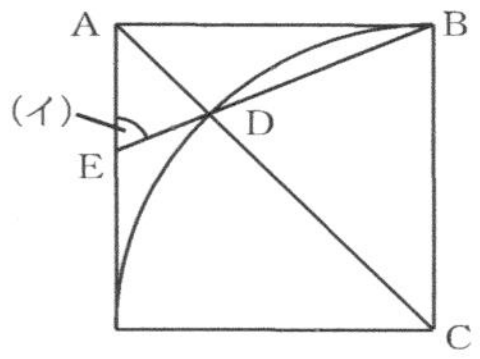


三角形ＡＣＢは直角二等辺三角形だから，角ＡＣＢ＝45°
円の半径だから，ＣＢ＝ＤＣより，三角形ＣＢＤは二等辺三角形である。
よって，角(イ)＝角ＣＢＤ＝(180°－45°)÷２＝**67.5°**

⑶　**【解き方】図３で，正方形の各辺を延長し，図形を分けて考える。**

図3
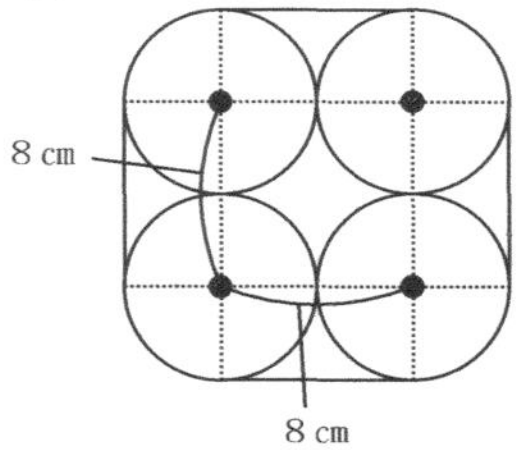


４つの円の半径は８÷２＝４(cm)だから，１辺８cmの正方形の面積と縦と横が４cm，８cmの長方形の面積４つ分と半径４cmの円の面積の$\frac{1}{4}$が４つ分の和が求める面積である。
よって，$8\times8+4\times8\times4+4\times4\times3.14\times\frac{1}{4}\times4=64+128+50.24=$**242.24**(cm²)

⑷　**【解き方】求める面積は円の面積から正方形の面積を引いた値《あたい》を２で割った面積である。また，正方形の対角線の長さが20cmとなることを利用する。**
半径10cmの円の面積は，10×10×3.14＝314(cm²)，対角線の長さが20cmの正方形の面積は，20×20÷２＝200(cm²)
よって，求める面積は(314－200)÷２＝**57**(cm²)

5　⑴　**【解き方】ＡＦとＢＪは平行だから，三角形ＥＡＦと三角形ＥＢＪは形が同じで大きさが異なる三角形である。**
三角形ＥＡＦと三角形ＥＢＪの辺の長さの比は，ＥＡ：ＥＢ＝１：３だから，ＡＦ：ＢＪ＝**１：３**である。

⑵　ＪＣ＝ＢＣ－ＢＪ＝ＡＤ－ＢＪより，ＢＪ：ＪＣ＝３：(１＋２＋２－３)＝**３：２**

⑶　**【解き方】平行四辺形ＡＢＣＤの面積は60cm²だから，三角形ＡＣＤの面積は60÷２＝30(cm²)である。これを用いて，三角形ＧＤＣの面積→ＧＤ：ＩＣ→ＤＨ：ＣＨ→三角形ＧＤＨの面積の順に求める。**

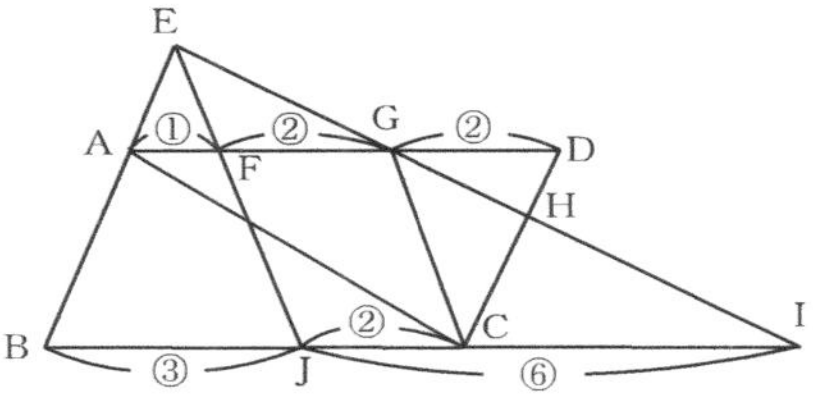


ＡＤ：ＧＤ＝(１＋２＋２)：２＝５：２だから，
三角形ＧＤＣの面積は，$30\times\frac{2}{5}=12$(cm²)である。
ＦＧとＪＩは平行だから，三角形ＥＦＧと三角形ＥＪＩは形が同じで大きさが異なる三角形である。よって，ＦＧ：ＪＩ＝ＥＦ：ＥＪ＝ＥＡ：ＥＢ＝１：３より，右図のような比の関係となる。
よって，ＧＤ：ＩＣ＝２：(６－２)＝１：２
ＧＤとＩＣは平行だから，三角形ＧＤＨと三角形ＩＣＨは形が同じで大きさの異なる三角形なので，
ＤＨ：ＣＨ＝ＧＤ：ＩＣ＝１：２
よって，三角形ＧＤＨの面積は$12\times\frac{1}{1+2}=$**４**(cm²)である。

6　⑴　**【解き方】求める体積は，底面が直角二等辺三角形ＡＢＣ，高さがＢＦの三角すいの体積から，底面が直角をつくる２辺の長さが６÷２＝３(cm)の直角二等辺三角形，高さが６÷２＝３(cm)の三角すいの体積を引いた値に等しい。**
求める体積は，$6\times6\times\frac{1}{2}\times6\times\frac{1}{3}-3\times3\times\frac{1}{2}\times3\times\frac{1}{3}=36-\frac{9}{2}=\frac{63}{2}=$**$31\frac{1}{2}$**(cm³)

⑵　**【解き方】Ａ，Ｃ，Ｆを通る平面とＢ，Ｄ，Ｅを通る平面で立方体を切断すると，図１のようになる。Ｉ，Ｊはそれぞれ正方形ＡＢＣＤ，正方形ＡＥＦＢの対角線の交点だから，このときの切り取られる立体は，⑴の体積を求めた立体と合同な立体２個分である。**

１辺が６㎝の立方体の体積から⑴で求めた体積の２倍を引けばよいので，

求める体積は，$6 \times 6 \times 6 - \frac{63}{2} \times 2 = 216 - 63 = \mathbf{153}$(㎤)

⑶　**【解き方】ＡＢ，ＥＦ，ＨＧ，ＤＣのまん中の点をそれぞれＫ，Ｌ，Ｍ，Ｎとする。この４点を通る平面は図２のようになる。**

Ｉ，Ｊは正方形の対角線の交点だから，ＫＬ，ＫＮのまん中の点なので，求める面積は正方形ＫＬＭＮの面積から直角二等辺三角形ＫＪＩの面積を引いた値である。

よって，$6 \times 6 - 3 \times 3 \div 2 = 36 - \frac{9}{2} = \mathbf{31\frac{1}{2}}$(㎠)

図１

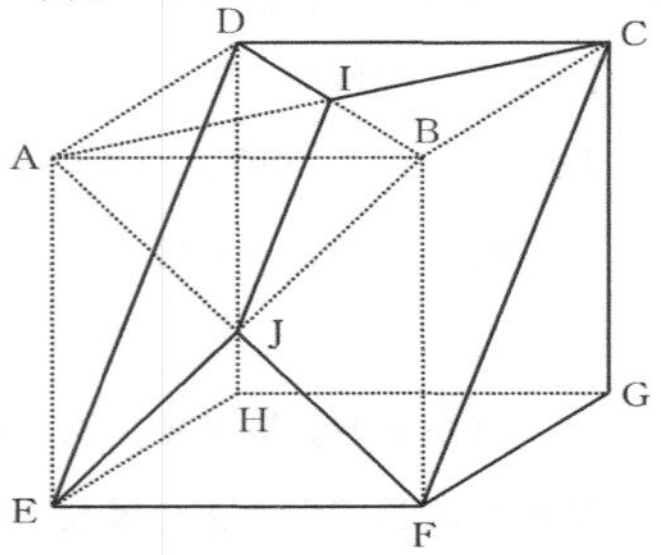


図２

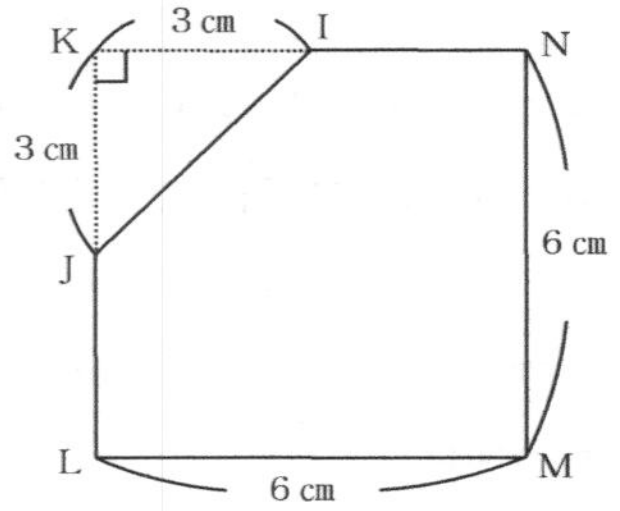

# ★徳島文理中学校

## 《国　語》

一　問一．㋐収　㋑宣伝　㋒きまじめ　㋓こころ　㋔誠心誠意　問二．ⅰ．内側を表現する言葉　ⅱ．外側で生まれる言葉　問三．ウ　問四．言語化できない想いを全て音楽の中に込めて完成させたのに、作品のプロモーションの際に、もう一度言語化しろと言われている気がしてパニックに陥り、音楽を言葉で説明するには何を話したらよいのか全く分からなかったから。　問五．プロモーションの目的は自分の音楽を知らない多くの人たちに少しでも興味を持ってもらうことだと理解し、音楽が生まれたストーリーよりも、あまり関係のないサイドストーリーの方が興味を持ってもらえることに気づいたから。　問六．内側の想いと外側へ伝えたい言葉の間に生まれるズレを感じながらどうにか表現しようとすることで、新たな音楽作品を生み出すことができるということ。

二　問一．㋐慣　㋑対応　㋒ぶあいそう　㋓風評　㋔ばかず　問二．A．ウ　B．エ　C．イ
問三．行きたい高校に合格するために、どうしても数学の成績を上げたいと思っているから。

問四．クラスでい～そうだから　問五．ⅰ．学校で「ひとり好き」という部類に入れられ、会話が少ないこと。

ⅱ．エ　問六．手　問七．ウ

## 《算　数》

1　(1)3　(2)$\frac{1}{24}$　(3)$\frac{1}{3}$　(4)1560　(5)$\frac{24}{25}$

2　(1)$2\times3\times337$　(2)2　(3)672

3　(1)12　(2)2　(3)26

4　(1)27　(2)50.24　(3)135

5　(1)1：2　(2)2：3　(3)5：4

6　(1)①A　②H　③F　(2)四　(3)63

# 2022 算数解説 令和４年度 徳島文理中学校

1 ⑴ 与式$=\frac{4}{5}\div(\frac{10}{15}-\frac{6}{15})=\frac{4}{5}\div\frac{4}{15}=\frac{4}{5}\times\frac{15}{4}=3$

⑵ 与式$=\frac{1}{8}-\frac{1}{2}\times(\frac{3}{6}-\frac{2}{6})=\frac{1}{8}-\frac{1}{2}\times\frac{1}{6}=\frac{1}{8}-\frac{1}{12}=\frac{3}{24}-\frac{2}{24}=\frac{1}{24}$

⑶ 与式$=\frac{10}{60}+\frac{5}{60}+\frac{3}{60}+\frac{2}{60}=\frac{20}{60}=\frac{1}{3}$

⑷ 与式$=13\times24+13\times2\times12+13\times3\times8+13\times4\times6+13\times6\times4=13\times(24+24+24+24+24)=$
$13\times24\times5=1560$

⑸ 与式$=(\frac{5}{8}-\frac{3}{4}\times\frac{3}{10})\div(\frac{3}{4}-\frac{1}{3})=(\frac{25}{40}-\frac{9}{40})\div(\frac{9}{12}-\frac{4}{12})=\frac{16}{40}\div\frac{5}{12}=\frac{2}{5}\times\frac{12}{5}=\frac{24}{25}$

2 ⑴ 2022は偶数なので，2022÷２＝1011　　1011は各位の数の和が３なので，1011÷３＝337
よって，2022＝２×３×337と表せる。

⑵ **【解き方】分子が２または３または337の倍数のとき，約分できる。**
はじめの６個の分子は，１，２，３，４，５，６だから，約分できないものは，分子が１と５の２個ある。

⑶ **【解き方】2022－(約分できるものの個数)で求める。右のような図で考えて，１～2022の整数のうち，２または３または337の倍数はいくつあるのかを考える。**

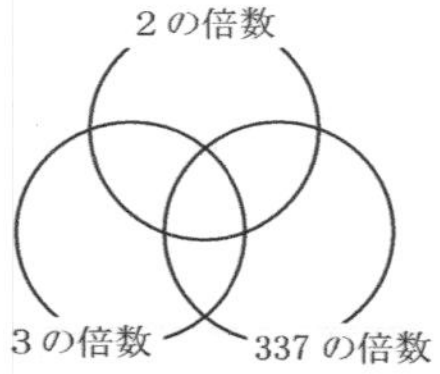


１～2022までの整数のうち，２の倍数は2022÷２＝1011(個)，３の倍数は2022÷３＝674(個)，337の倍数は2022÷337＝６(個)，２と３の最小公倍数である６の倍数は2022÷６＝337(個)，２と337の最小公倍数である674の倍数は2022÷674＝３(個)，３と337の最小公倍数である1011の倍数は2022÷1011＝２(個)，２と３と337の最小公倍数は１個ある。
よって，１～2022までの整数のうち，２または３または337の倍数は，1011＋674＋６－337－３－２＋１＝1350(個)ある。したがって，求める個数は，2022－1350＝672(個)

3 ⑴ このグラフの横の軸《じく》の１目もりは，10÷２＝５(分)を表す。
Ａ君はＰ地点からＱ地点までの３㎞を14時15分－14時＝15分，つまり，$\frac{15}{60}=\frac{1}{4}$(時間)で進むので，
求める速さは，時速$(3\div\frac{1}{4})$㎞＝時速12㎞

⑵ **【解き方】右のようにグラフに記号をおき，同じ形の三角形に注目する。**

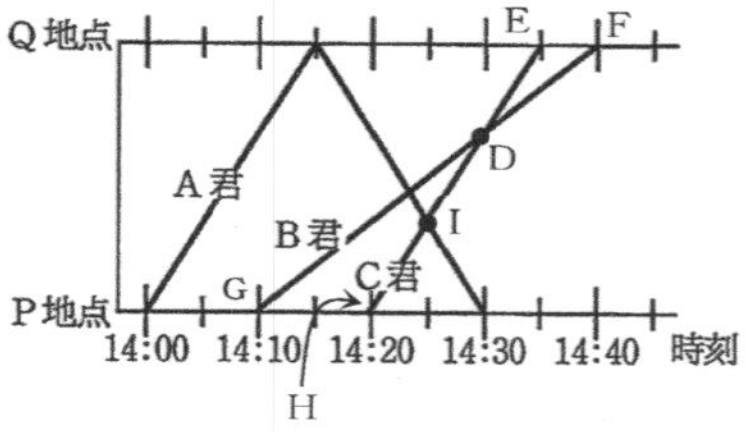


Ｃ君がＢ君に追いつくのは，右図のＤのときである。
三角形ＤＥＦと三角形ＤＨＧは同じ形であり，ＥＦ：ＨＧ＝１：２より，
それぞれの底辺をＥＦ，ＨＧとしたときの高さの比も１：２となる。
Ｐ地点からＱ地点までは３㎞離れているので，ＤはＰ地点から
$3\times\frac{2}{1+2}=2$(㎞)離れている。

⑶ **【解き方】求める時間は，⑵のＩからＤの間である。ＩからＤの間の，㋐Ｂ君とＣ君の間の距離《きょり》，㋑Ｃ君とＡ君の間の距離の変化に注目する。**
Ａ君とＣ君は15分で３㎞＝3000ｍ進むので，１分で3000÷15＝200(ｍ)進む。Ｂ君は30分で3000ｍ進むので，１分で3000÷30＝100(ｍ)進む。ＩのときにＡ君とＣ君はすれ違う。14時20分のときにＡ君はＱ地点から200×５＝1000(ｍ)進んだ地点にいて，そこからＩまではＡ君とＣ君で合わせて3000－1000＝2000(ｍ)進むから，2000÷(200＋200)＝５(分)かかる。よって，Ｉの時刻は14時25分で，このときＣ君は200×５＝1000(ｍ)，Ｂ君は100×15＝1500(ｍ)だけＰから進んだ位置にいる。よって，Ｉのときの下線部㋐は1500－1000＝500(ｍ)，㋑は

０ｍである。ここから，㋐は１分ごとに 200－100＝100(m)短くなり，㋑は１分ごとに 200＋200＝400(m)長くなる。したがって，Ｉから１分後に，㋐と㋑はともに 400ｍで同じになるから，求める時刻は 14 時 26 分である。

4 (1) 斜線(しゃせん)部分の５つの三角形は，直線ＭＮに含(ふく)まれる辺を底辺とすると，高さはすべて６÷２＝３(cm)となる。底辺の長さの和はＭＮ＝ＢＣ＝18 cmだから，求める面積は，18×３÷２＝27(cm²)

(2) **【解き方】正方形(ひし形)の面積は(対角線)×(対角線)÷２で求められることを利用する。**

求める面積は，半径がＢＤ，中心角が 45°のおうぎ形の面積である。

ＢＤは正方形ＡＢＣＤの対角線で，正方形ＡＢＣＤの面積は８×８＝64(cm²)だから，ＢＤ×ＢＤ＝64×２＝128

したがって，求める面積は，$128 \times 3.14 \times \frac{45^\circ}{360^\circ} = 50.24$(cm²)

(3) 右図のようにＤＥをひく。ＡＤ＝ＡＥ，角ＤＡＥ＝60°より，三角形ＡＤＥは正三角形とわかる。よって，角ＡＥＤ＝角ＡＤＥ＝60°，角ＣＤＥ＝90°－60°＝30°

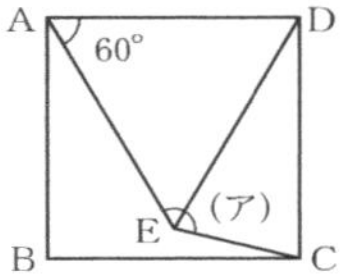


三角形ＤＣＥはＤＣ＝ＤＥの二等辺三角形だから，角ＤＥＣ＝(180°－30°)÷２＝75°

角(ア)＝60°＋75°＝135°

5 (1) 三角形ＢＣＥと三角形ＤＣＥは，底辺をそれぞれＢＣ，ＤＣとすると，高さが等しいので，面積の比は，ＢＣ：ＤＣ＝１：２

(2) 三角形ＢＣＥと三角形ＢＥＡは，底辺をそれぞれＣＥ，ＥＡとすると，高さが等しいので，面積の比は，ＣＥ：ＥＡ＝２：３

(3) **【解き方】三角形ＡＢＣの面積を⑤として，三角形ＣＤＥの面積を表す。その際，高さの等しい三角形の面積は底辺の長さの比に等しいことを利用する。**

三角形ＡＢＣと三角形ＢＣＥの面積の比は，ＣＡ：ＣＥ＝(２＋３)：２＝５：２だから，三角形ＢＣＥの面積は，(三角形ＡＢＣの面積)×$\frac{2}{5}$＝⑤×$\frac{2}{5}$＝②

三角形ＢＣＥと三角形ＣＤＥの面積の比は１：２だから，三角形ＣＤＥの面積は，②×２＝④

よって，求める面積の比は，⑤：④＝５：４

6 (1) [図２]について，Ｄ，Ｃ，Ｇの位置に注目して，残りの記号をかきこむと，図Ｉのようになる。よって，①の点はＡ，②の点はＨ，③の点はＦとなる。

図Ｉ

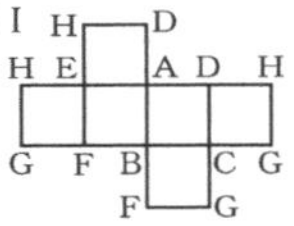


(2) (1)の図Ｉより，ＰはＢＦのまん中の点，ＱはＦＧのまん中の点とわかる。

向かい合う面の切り口は平行だから，３点Ａ，Ｐ，Ｑを通る平面の切り口は，図Ⅱのような ＡＨとＰＱが平行な四角形(台形)となる。

図Ⅱ

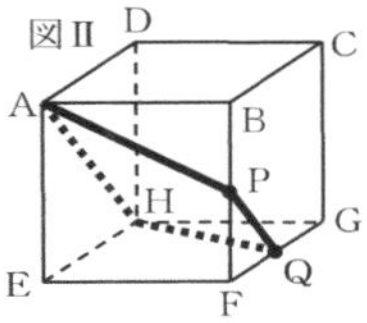


(3) **【解き方】小さい方の立体について，図Ⅲのように作図する。同じかたちの立体について，辺の長さの比がａ：ｂのとき，体積の比は(ａ×ａ×ａ)：(ｂ×ｂ×ｂ)であることを利用する。**

図Ⅲ

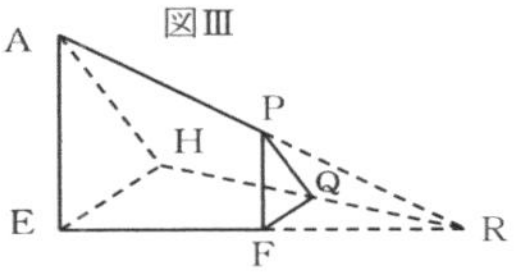


三角すいＲ－ＡＥＨと三角すいＲ－ＰＦＱは同じ形であり，辺の長さの比はＡＥ：ＰＦ＝２：１だから，体積の比は，(２×２×２)：(１×１×１)＝８：１である。

ＰＦ＝ＱＦ＝６÷２＝３(cm)，ＦＲ＝ＥＦ＝６cmだから，三角すいＲ－ＰＦＱの体積は，(３×３÷２×６)÷３＝９(cm³)である。よって，三角すいＲ－ＡＥＨの体積は９×８＝72(cm³)だから，求める体積は，72－９＝63(cm³)

# ★徳島文理中学校

## 《国　語》

一　問一．㋐刻　㋑日用品　㋒内装　㋓鏡　㋔異様　問二．A．ア　B．イ　C．オ　問三．エジプトでは金づくしの派手でゴージャス感のあふれるものが、日本ではシックでシンプルなものが美の条件とされるということ。　問四．店に並んでいる扇風機の羽の大半が金色だったのが、涼しげな色のものが増えてきた。
問五．グローバリズムの浸透やテレビやネットなどの情報メディアの普及　問六．㋒→㋓→㋐→㋑
問七．美しさに対するダイナミックな感覚が失われ、特定のものだけを美しいと見なすようなこわばった見方に陥り、それ以外の見方を否定し、劣ったものと見なすような暴力に結びつきかねないこと。

二　問一．㋐しよう　㋑りこう　㋒あいず　㋓あげく　㋔じょうみゃく　問二．A．オ　B．ウ　C．ア
問三．いたたまれない気持ち　問四．心臓　問五．心の中が、シロナガスクジラのことでいっぱいだったから。
問六．ア．過去　イ．現在　ウ．心の中　問七．尊い存在でありながら、ただ大きいの一言でくくられ、骨をさらされて見せ物にされている点。　問八．ウ

## 《算　数》

1　(1) $2\frac{1}{2}$　(2) $\frac{1}{8}$　(3)256　(4)3400　(5)1

2　(1)156　(2)54　(3)368

3　(1)18　(2)150　(3)900

4　(1)126　(2)18.24　(3)12.56

5　(1)16　(2)4：5　(3)36：32：85

6　(1)①E　②G　③G　(2)三　(3)211.5

1　(1)　与式$=(\frac{9}{12}-\frac{8}{12})\div(\frac{25}{30}-\frac{24}{30})=\frac{1}{12}\div\frac{1}{30}=\frac{1}{12}\times30=\frac{5}{2}=2\frac{1}{2}$

(2)　与式$=(\frac{9}{20}\times\frac{5}{3}-\frac{4}{7})\times(\frac{5}{10}+\frac{2}{10})=(\frac{3}{4}-\frac{4}{7})\times\frac{7}{10}=(\frac{21}{28}-\frac{16}{28})\times\frac{7}{10}=\frac{5}{28}\times\frac{7}{10}=\frac{1}{8}$

(3)　**【解き方】数がすべて等間隔《とうかんかく》で並んでいるので，答えの２倍は右のような筆算を利用することで求められる。**

数が全部で 16 個並んでいるから，答えの２倍は 32×16 となる。

よって，与式＝32×16÷２＝256

$$\begin{array}{rr} & 1+3+5+\cdots\cdots+31 \\ +) & 31+29+27+\cdots\cdots+1 \\ \hline & 32+32+32+\cdots\cdots+32 \end{array}$$

(4)　与式＝17×18＋17×２×19＋17×３×20＋17×４×21＝17×(18＋38＋60＋84)＝17×200＝3400

(5)　与式$=\frac{1}{5}\times\frac{5}{3}+\frac{4}{5}\times\frac{5}{8}+\frac{5}{6}\times\frac{9}{5}-\frac{8}{15}\div\frac{2}{5}=\frac{1}{3}+\frac{1}{2}+\frac{3}{2}-\frac{8}{15}\times\frac{5}{2}=2\frac{1}{3}-\frac{4}{3}=2\frac{1}{3}-1\frac{1}{3}=1$

2　問題文をよく読むと，十の位が０の病室の一の位は１から始まっている(101 号室，201 号室，301 号室)が，150 号室があることから，十の位が０以外の病室は一の位が０から始まると判断する。

(1)　**【解き方】十の位の数ごとに病室が何室ずつあるかを調べる。**

| 十の位の数 | 病室数(室) |
|---|---|
| 0 | 7 |
| 1，2，3，5，6，7，8 | 8 |

十の位が０の病室は，一の位が０と４と９以外の７室ある。十の位が４と９の病室はない。十の位が０，４，９以外の病室は，一の位が４と９以外の８室ずつある(右表参照)。したがって，101 号室から 138 号室までに７＋８×３＝31(室)あるから，十の位が５の病室は，37－31＝６(室)ある。その６室の部屋番号は，150，151，152，153，155，156 だから，１階は 156 号室まである。

(2)　278 号室があるとすると，(1)より，その部屋は２階において，７＋８×６＝55(番目)の部屋である。

よって，２階には 55－１＝54(室)ある。

(3)　３階の病室の数は，138－37－54＝47(室)である。(1)より，301 号室から 368 号室までに，７＋８×５＝47(室)ある。よって，３階の最後の病室は 368 号室である。

3　(1)　1.8㎞＝(1.8×1000)ｍ＝1800ｍだから，理子さんが学校までにかかった時間は，1800÷100＝18(分)

(2)　**【解き方】まず，文男くんの移動時間の合計を求める。**

学校まであと 200ｍのところは家から 1800－200＝1600(ｍ)であり，理子さんがそこまで進むのにかかる時間は，1600÷100＝16(分)である。文男くんは買い物の時間を除くと 16－４＝12(分)で家から学校まで進んだので，文男くんの速さは，分速$\frac{1800}{12}$ｍ＝分速 150ｍ

(3)　**【解き方】同じ道のりを進むのにかかる時間の比は，速さの比の逆比に等しいことを利用する。**

文男くんと理子さんの速さの比は，150：100＝３：２だから，家からコンビニまでにかかった時間の比はこの逆比の２：３である。文男くんの方が３分早くコンビニに着いたので，下線部の比の数の差の３－２＝１が３分にあたる。よって，理子さんは家からコンビニまで$3\times\frac{3}{1}=9$(分)かかったので，家からコンビニまでの距離は，100×９＝900(ｍ)

4　(1)　**【解き方】斜線部分の四角形を，底辺６㎝，高さ 12 ㎝の三角形と，底辺 18 ㎝，高さ 10 ㎝の三角形に分けて，それぞれの面積を足せばよい。**

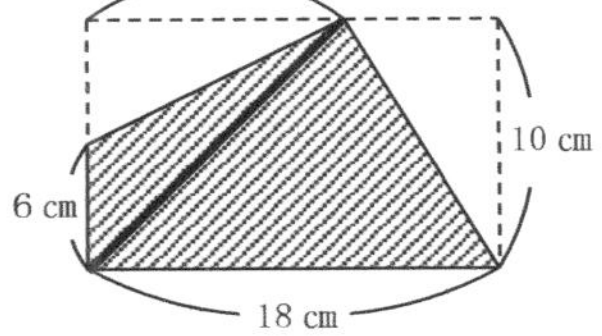


６×12÷２＋18×10÷２＝126(㎠)

⑵　**【解き方】右図の(あ)と(う)を合わせた図形の面積から，(い)と(う)を合わせた図形の面積を引けばよい。**

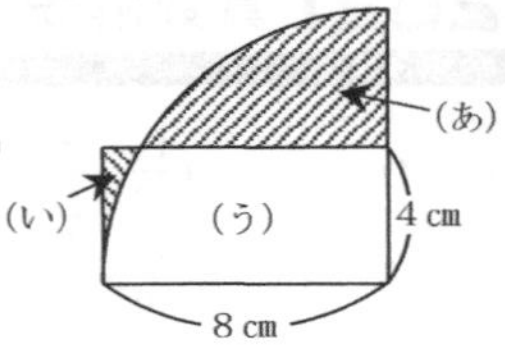


(あ)と(う)を合わせてできるおうぎ形の面積は，$8\times8\times3.14\times\frac{1}{4}=16\times3.14=50.24$(㎠)

(い)と(う)を合わせてできる長方形の面積は，$4\times8=32$(㎠)

よって，求める面積の差は，$50.24-32=18.24$(㎠)

⑶　**【解き方】四角形の内角の和は360°だから，４つの斜線のおうぎ形を合わせると，半径が２㎝の円ができる。**

求める面積は，$2\times2\times3.14=4\times3.14=12.56$(㎠)

**5**　⑴　ＡＤとＢＣが平行だから，三角形ＡＤＥと三角形ＢＦＥは同じ形で，対応する辺の比がＡＥ：ＢＥ＝１：２である。

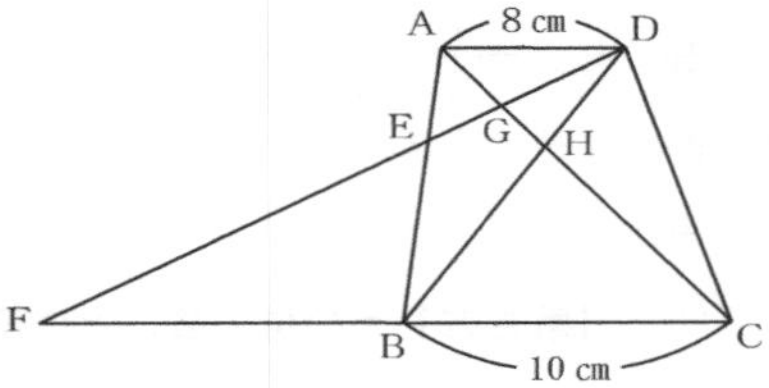


よって，ＡＤ：ＢＦ＝１：２だから，ＢＦ＝ＡＤ×２＝８×２＝16(㎝)

⑵　ＡＤとＢＣが平行だから，三角形ＡＤＨと三角形ＣＢＨは同じ形で，対応する辺の比がＡＤ：ＣＢ＝８：10＝４：５である。

よって，ＤＨ：ＢＨ＝４：５

⑶　**【解き方】ＡＧ：ＧＣ，ＡＨ：ＨＣをそれぞれ求め，ＡＧ，ＧＨ，ＨＣそれぞれの長さが，ＡＣの長さの何倍かを調べる。**

三角形ＡＤＧと三角形ＣＦＧが同じ形だから，ＡＧ：ＣＧ＝ＡＤ：ＣＦ＝８：(10＋16)＝４：13…①

三角形ＡＤＨと三角形ＣＢＨが同じ形だから，ＡＨ：ＣＨ＝ＡＤ：ＣＢ＝４：５…②

①より$AG=AC\times\frac{4}{4+13}=AC\times\frac{4}{17}$，②より$AH=AC\times\frac{4}{4+5}=AC\times\frac{4}{9}$，$HC=AC\times\frac{5}{4+5}=AC\times\frac{5}{9}$

だから，$GH=AH-AG=AC\times\frac{4}{9}-AC\times\frac{4}{17}=AC\times(\frac{4}{9}-\frac{4}{17})=AC\times\frac{32}{153}$

よって，$AG:GH:HC=AC\times\frac{4}{17}:AC\times\frac{32}{153}:AC\times\frac{5}{9}=36:32:85$

**6**　⑴　Ａ，Ｂ，Ｃの３つの頂点がある面のもう１つの頂点はＤだから，図１のＡの下の頂点はＤである。ＡＢを辺に持つ面は面ＡＢＣＤと面ＡＢＦＥで，ＡとＥ，ＢとＦがそれぞれとなり合っているから，図１のＡ，Ｂの上の頂点はそれぞれＥ，Ｆである。このように調べていけば，右図のように各頂点がわかる。

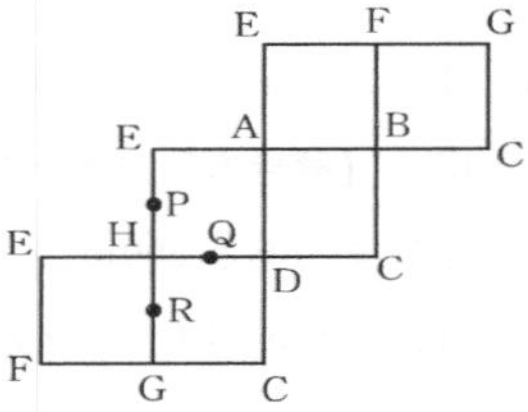


⑵　⑴の図より，切り口は右図のように三角形になる。

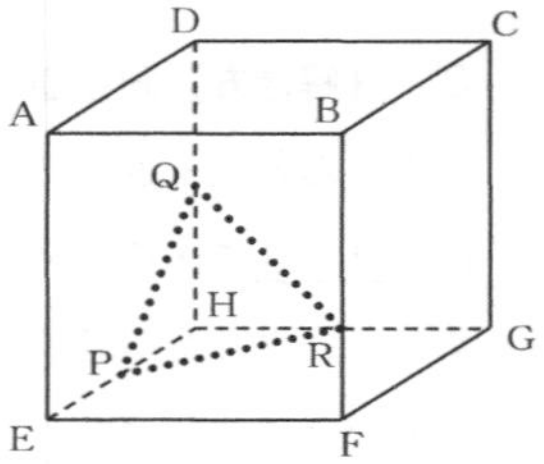


⑶　**【解き方】立方体の体積から，切り分けた２つの立体のうち小さい方の立体の体積を引けばよい。**

立方体の体積は，$6\times6\times6=216$(㎤)

小さい方の立体は三角すいであり，底面を三角形ＨＰＲとしたときの高さがＱＨだから，体積は，$(3\times3\div2)\times3\div3=4.5$(㎤)　　よって，求める体積は，$216-4.5=211.5$(㎤)

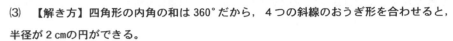

# ★徳島文理中学校

## 《国　語》

一　問一．㋐げんいん　㋑食材　㋒発揮　㋓こくえき　㋔必　問二．Ⅰ．ちがいを無視してみんなが同じになることで仲よくするのが和であるという考え方。　Ⅱ．異質なものを排除する　問三．馴れあい　問四．たがいに異なる者同士がたがいのちがいを認めたうえで協調しあうこと　問五．利害や言い分のちがいをわかったうえで、武力によらず、話し合いで折りあってゆくという目的。　問六．言葉　問七．一人一人が抱えている理想や欲望や利害のちがいをそのまま放っておいたら、絶対にぶつかりあってしまう

二　問一．㋐発案　㋑いっきょ　㋒さ　㋓家事　㋔尊重　問二．X．ウ　Y．ア　問三．A．エ　B．イ　C．ア　問四．それぞれの行事にふさわしく、参加者に夢をみさせるような空間。　問五．嫌だ、嫌だと思うものによって、自分自身が作られていく感覚。　問六．永遠にあこがれる何か　問七．イ

## 《算　数》

1　(1) $\frac{2}{5}$　(2)5　(3)1275　(4)4.235　(5) $\frac{101}{420}$

2　(1)4　(2)4　(3)4

3　(1)4　(2)15　(3)午後４，17

4　(1)(ア)55　(イ)20　(2)(ア)30　(イ)150　(3)39.25

5　(1)１：２　(2)９：８　(3) $\frac{2}{3}$

6　(1)①A　②C　(2)五　(3)75

←解答例は前のページにありますので，そちらをご覧ください。

**1** ⑴　与式$=\frac{3}{4}\times\frac{6}{5}-\frac{1}{2}=\frac{9}{10}-\frac{5}{10}=\frac{4}{10}=\frac{2}{5}$

⑵　与式$=(\frac{2}{8}+\frac{3}{8})\div\frac{1}{8}=\frac{5}{8}\times 8=5$

⑶　１から 50 までの連続する整数の和の２倍は，右の筆算より，51×50 となるから，

$$\begin{array}{rr} & 1+2+3+\cdots\cdots+50 \\ +) & 50+49+48+\cdots\cdots+1 \\ \hline & 51+51+51+\cdots\cdots+51 \end{array}$$

与式$=\frac{51\times 50}{2}=1275$

⑷　与式$=(1.25\times 0.4+5)\times 0.77=(0.5+5)\times 0.77=5.5\times 0.77=4.235$

⑸　与式$=\frac{6\times 6-5\times 7}{7\times 6}+\frac{4\times 4-3\times 5}{5\times 4}+\frac{2\times 2-1\times 3}{3\times 2}=\frac{1}{42}+\frac{1}{20}+\frac{1}{6}=\frac{10}{420}+\frac{21}{420}+\frac{70}{420}=\frac{101}{420}$

**2** ⑴　$\frac{1}{7}=0.14\cdots$より，小数第２位は４である。

⑵　$\frac{1}{7}=0.14285714\cdots$より，小数第８位は４である。

⑶　⑵より，$\frac{1}{7}$は小数第１位から，１，４，２，８，５，７の６個の数をくり返しているとわかる。よって，小数第 50 位は，50÷６＝８余り２より，６個の数を８回くり返した後の２個目の数だから，４である。

**3** ⑴　$1\div 15=\frac{1}{15}$(時間)，つまり，$(\frac{1}{15}\times 60)$分＝４分かかる。

⑵　同じ道のりを進むときにかかる時間の比は，速さの比の逆比に等しい。文理くんが平らな道，上り坂を進むときの速さの比は１：0.5＝２：１だから，同じ道のりを進むのにかかる時間の比は１：２である。文理くんが平らな道，下り坂を進むときの速さの比は１：２だから，同じ道のりを進むのにかかる時間の比は２：１である。したがって，文理くんが平らな道を１㎞進むのにかかる時間を②とすると，上り坂を１㎞進むのにかかる時間は②×２＝④，下り坂を１㎞進むのにかかる時間は②×$\frac{1}{2}$＝①である。したがって，いつもは家から図書館まで，①×１＋④×1.5＋②×４＝⑮となる。これが 30 分に等しいから，①＝２分である。よって，文理くんが平らな道を１㎞進むのにかかる時間は，２×$\frac{②}{①}$＝４(分)，つまり，$\frac{4}{60}$時間＝$\frac{1}{15}$時間だから，求める速さは，時速$(1\div\frac{1}{15})$㎞＝時速 15 ㎞である。

⑶　⑵の解説をふまえる。15 分＝$\textcircled{\tfrac{15}{2}}$，$\textcircled{\tfrac{15}{2}}$－①－⑥＝$\textcircled{\tfrac{1}{2}}$だから，文理くんは午後４時 15 分のとき，平らな道に入って$\textcircled{\tfrac{1}{2}}$＝１分進んだところにいる。ここから引き返すのだから，図書館から家に向かう下り坂にさしかかるのが，午後４時 16 分とわかる。また，午後４時 16 分までにお母さんは，午後４時 16 分－午後４時９分＝７分進んでいるから，家から $15\times\frac{7}{60}=1.75$(㎞)のところにいるとわかる。このとき，文理くんとお母さんの間の道のりは，１＋1.5－1.75＝0.75(㎞)であり，２人は図書館から家に向かう下り坂で出会うとわかる。文理くんの下り坂の速さは，時速(15×２)㎞＝時速 30 ㎞だから，２人が出会うのは午後４時 16 分の $0.75\div(30+15)=\frac{1}{60}$(時間後)，つまり，$(\frac{1}{60}\times 60)$分後＝１分後だから，求める時刻は午後４時 17 分である。

**4** ⑴　右図のように記号をおく。

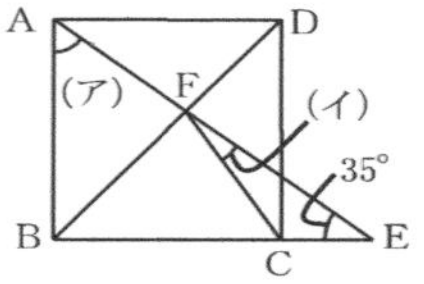


三角形ＡＢＥの内角の和より，(ア)の角度は，180－90－35＝55(度)である。

三角形ＡＢＦと三角形ＣＢＦについて，ＡＢ＝ＣＢ，ＢＦ＝ＢＦ，ＢＤが正方形の対角線だから角ＡＢＦ＝角ＣＢＦ＝45 度なので，三角形ＡＢＦと三角形ＣＢＦは合同とわかる。

したがって，角ＢＣＦ＝角ＢＡＦ＝55 度である。三角形の１つの外角は，これととなりあわない２つの内角の和に等しいから，三角形ＦＣＥについて，(イ)の角度は，角ＢＣＦ－角ＦＥＣ＝55－35＝20(度)である。

(2)　正三角形の１つの内角は60度だから，（ア）の角度は，90－60＝30（度）である。
三角形ＥＣＤはＥＣ＝ＤＣの二等辺三角形だから，角ＤＥＣ＝（180－30）÷２＝75（度），同様に角ＡＥＢ＝75度である。よって，（イ）の角度は，360－75×２－60＝150（度）である。

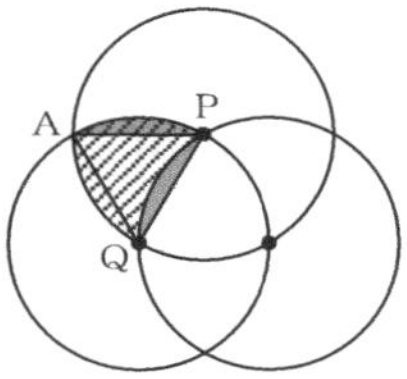


(3)　１つの斜線《しゃせん》部分について，右のように作図する。色付きの斜線部分を色付き部分に移動すると，おうぎ形になる。また，三角形ＡＱＰは３辺がそれぞれ３つの円の半径だから，長さが等しく正三角形である。したがって，おうぎ形の中心角は60度とわかる。３つの斜線部分はすべて合同だから，求める面積は，$5\times5\times3.14\times\frac{60}{360}\times3=39.25$（㎠）である。

5　高さの等しい２つの三角形の面積の比は，底辺の長さの比に等しいことを利用する。

(1)　（三角形ＡＢＤの面積）：（三角形ＡＥＣの面積）＝ＢＤ：ＥＣ＝１：２である。

(2)　三角形ＡＢＦと三角形ＡＢＨの面積がそれぞれ三角形ＡＢＣの面積の何倍かをもとにして比を求める。
三角形ＡＢＣの面積を１とする。（三角形ＡＢＣの面積）：（三角形ＡＢＦの面積）＝ＡＣ：ＢＦ＝４：３だから，三角形ＡＢＦの面積は，$1\times\frac{3}{4}=\frac{3}{4}$となる。（三角形ＡＢＣの面積）：（三角形ＡＢＨの面積）＝３：２だから，三角形ＡＢＨの面積は，$1\times\frac{2}{3}=\frac{2}{3}$となる。よって，求める面積の比は，$\frac{3}{4}:\frac{2}{3}=9:8$である。

(3)　(2)の解説をふまえる。（四角形ＡＢＥＧの面積）＝（三角形ＡＢＣの面積）－（三角形ＧＥＣの面積）である。
（三角形ＡＢＣの面積）：（三角形ＧＢＣの面積）＝ＡＣ：ＧＣ＝３：２だから，三角形ＧＢＣの面積は，$1\times\frac{2}{3}=\frac{2}{3}$となる。また，（三角形ＧＢＣの面積）：（三角形ＧＥＣの面積）＝ＢＣ：ＥＣ＝２：１だから，三角形ＧＥＣの面積は，$\frac{2}{3}\times\frac{1}{2}=\frac{1}{3}$となる。よって，四角形ＡＢＥＧの面積は，三角形ＡＢＣの面積の$1-\frac{1}{3}=\frac{2}{3}$（倍）である。

6　(1)　図２の展開図の①，②に一致《いっち》する頂点を求める。立方体のもっとも遠い２点（例えば図１のＢとＨ）は，展開図上で２つの正方形を組み合わせた長方形の対角線の位置にある（右図ｉ参照）ことを利用する。長方形の対角線の位置にある点を２回とれば，もとの頂点と一致する点を求められる。よって，図ｉより，①に一致する頂点はＡ，②に一致する頂点はＣとわかる。

図ｉ
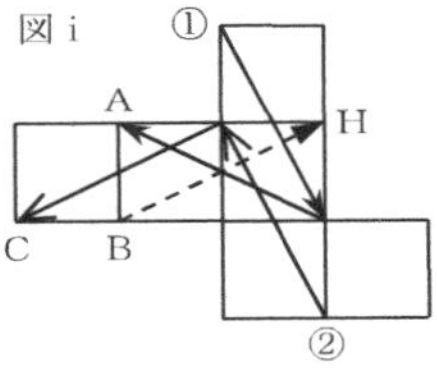


図ii
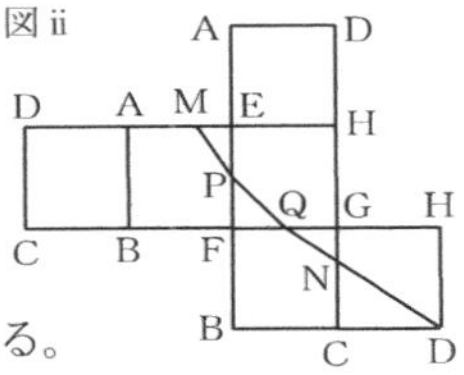


図iii
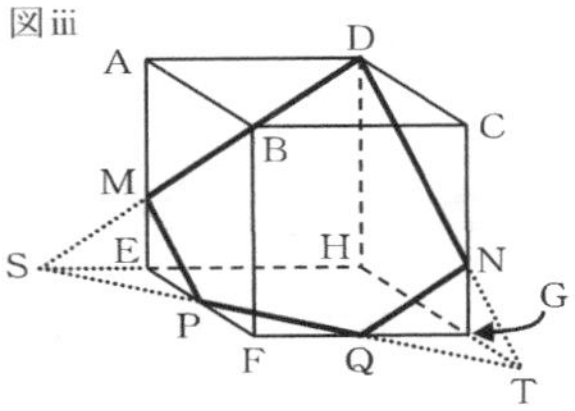


(2)　(1)の解説をふまえ，展開図上に頂点の記号をかくと，右図iiのようになる（辺ＥＦ，ＦＧと切り口の交点をそれぞれＰ，Ｑとする）。したがって，立方体で，Ｍ，Ｎ，Ｐ，Ｑはそれぞれ右図iiiの位置にあるから，切り口は五角形になる。

(3)　(2)の図iiiをふまえる。三角すいの体積は，（底面積）×（高さ）÷３で求める。
体積を求める立体は，三角すいＤ－ＳＴＨから，三角すいＭ－ＳＰＥと三角すいＮ－ＴＱＧをのぞいた立体である。

三角形ＭＳＥと三角形ＤＳＨは同じ形の図形で，対応する辺の比が等しいから，ＳＥ：ＳＨ＝ＭＥ：ＤＨ＝（６－４）：６＝１：３となり，ＳＥ：ＥＨ＝１：（３－１）＝１：２である。したがって，ＳＥ＝ＥＨ$\times\frac{1}{2}=6\times\frac{1}{2}=$３（cm）である。同様に，ＴＧ＝３cmである。また，三角形ＳＰＥと三角形ＳＴＨも同じ形だから，ＰＥ：ＴＨ＝ＳＥ：ＳＨ＝３：（３＋６）＝１：３，ＰＥ＝ＴＨ$\times\frac{1}{3}=9\times\frac{1}{3}=$３（cm）である。同様にＱＧ＝３cmである。

よって，求める体積は，９×９÷２×６÷３－３×３÷２×２÷３×２＝75（㎤）

## ■ ご使用にあたってのお願い・ご注意

（1）問題文等の非掲載

著作権上の都合により，問題文や図表などの一部を掲載できない場合があります。

誠に申し訳ございませんが，ご了承くださいますようお願いいたします。

（2）過去問における時事性

過去問題集は，学習指導要領の改訂や社会状況の変化，新たな発見などにより，現在とは異なる表記や解説になっている場合があります。過去問の特性上，出題当時のままで出版していますので，あらかじめご了承ください。

（3）配点

学校等から配点が公表されている場合は，記載しています。公表されていない場合は，記載していません。

独自の予想配点は，出題者の意図と異なる場合があり，お客様が学習するうえで誤った判断をしてしまう恐れがあるため記載していません。

（4）無断複製等の禁止

購入された個人のお客様が，ご家庭でご自身またはご家族の学習のためにコピーをすることは可能ですが，それ以外の目的でコピー，スキャン，転載（ブログ，ＳＮＳなどでの公開を含みます）などをすることは法律により禁止されています。学校や学習塾などで，児童生徒のためにコピーをして使用することも法律により禁止されています。

ご不明な点や，違法な疑いのある行為を確認された場合は，弊社までご連絡ください。

（5）けがに注意

この問題集は針を外して使用します。針を外すときは，けがをしないように注意してください。また，表紙カバーや問題用紙の端で手指を傷つけないように十分注意してください。

（6）正誤

制作には万全を期しておりますが，万が一誤りなどがございましたら，弊社までご連絡ください。

なお，誤りが判明した場合は，弊社ウェブサイトの「ご購入者様のページ」に掲載しておりますので，そちらもご確認ください。

## ■ お問い合わせ

解答例，解説，印刷，製本など，問題集発行におけるすべての責任は弊社にあります。

ご不明な点がございましたら，弊社ウェブサイトの「お問い合わせ」フォームよりご連絡ください。迅速に対応いたしますが，営業日の都合で回答に数日を要する場合があります。

ご入力いただいたメールアドレス宛に自動返信メールをお送りしています。自動返信メールが届かない場合は，「よくある質問」の「メールの問い合わせに対し返信がありません。」の項目をご確認ください。

また弊社営業日（平日）は，午前９時から午後５時まで，電話でのお問い合わせも受け付けています。

2025 春

株式会社教英出版
〒422-8054　静岡県静岡市駿河区南安倍３丁目 12-28
TEL　054-288-2131　　FAX　054-288-2133
URL　https://kyoei-syuppan.net/
MAIL　siteform@kyoei-syuppan.net

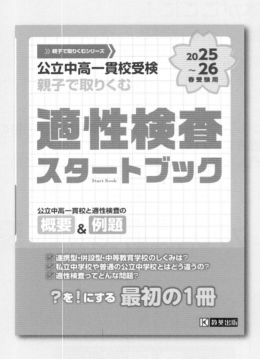

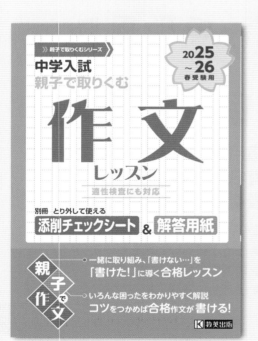

# 教英出版　2025年春受験用　中学入試問題集

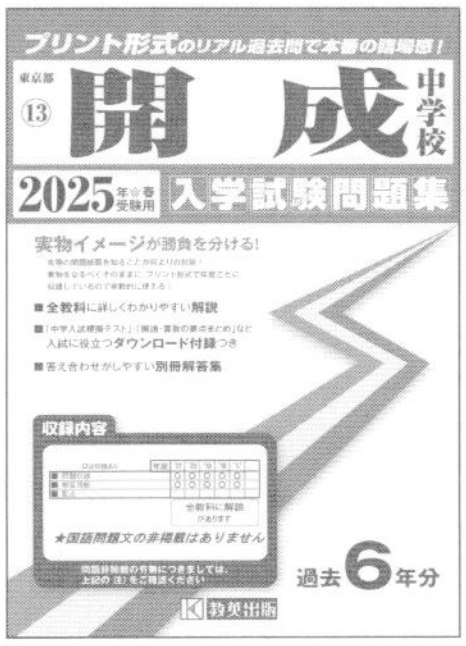


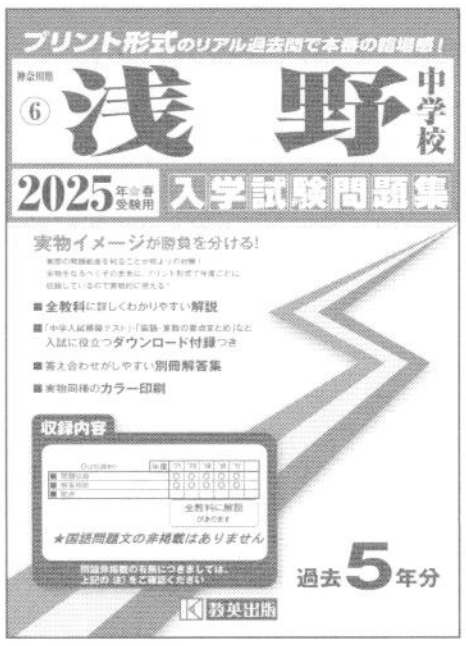


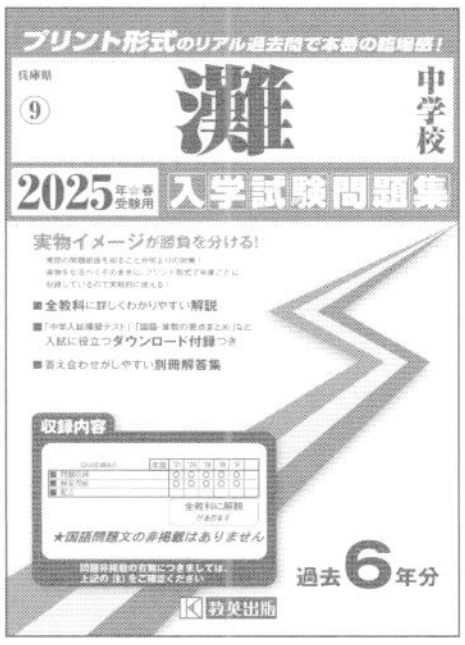

## 学校別問題集

✿はカラー問題対応

### 北海道

①[市立]札幌開成中等教育学校
②藤女子中学校
③北嶺中学校
④北星学園女子中学校
⑤札幌大谷中学校
⑥札幌光星中学校
⑦立命館慶祥中学校
⑧函館ラ・サール中学校

### 青森県

①[県立]三本木高等学校附属中学校

### 岩手県

①[県立]一関第一高等学校附属中学校

### 宮城県

①[県立]宮城県古川黎明中学校
②[県立]宮城県仙台二華中学校
③[市立]仙台青陵中等教育学校
④東北学院中学校
⑤仙台白百合学園中学校
⑥聖ウルスラ学院英智中学校
⑦宮城学院中学校
⑧秀光中学校
⑨古川学園中学校

### 秋田県

①[県立]
- 大館国際情報学院中学校
- 秋田南高等学校中等部
- 横手清陵学院中学校

### 山形県

①[県立]
- 東桜学館中学校
- 致道館中学校

### 福島県

①[県立]
- 会津学鳳中学校
- ふたば未来学園中学校

### 茨城県

①[県立]
- 日立第一高等学校附属中学校
- 太田第一高等学校附属中学校
- 水戸第一高等学校附属中学校
- 鉾田第一高等学校附属中学校
- 鹿島高等学校附属中学校
- 土浦第一高等学校附属中学校
- 竜ヶ崎第一高等学校附属中学校
- 下館第一高等学校附属中学校
- 下妻第一高等学校附属中学校
- 水海道第一高等学校附属中学校
- 勝田中等教育学校
- 並木中等教育学校
- 古河中等教育学校

### 栃木県

①[県立]
- 宇都宮東高等学校附属中学校
- 佐野高等学校附属中学校
- 矢板東高等学校附属中学校

### 群馬県

①
- [県立]中央中等教育学校
- [市立]四ツ葉学園中等教育学校
- [市立]太田中学校

### 埼玉県

①[県立]伊奈学園中学校
②[市立]浦和中学校
③[市立]大宮国際中等教育学校
④[市立]川口市立高等学校附属中学校

### 千葉県

①[県立]
- 千葉中学校
- 東葛飾中学校

②[市立]稲毛国際中等教育学校

### 東京都

①[国立]筑波大学附属駒場中学校
②[都立]白鷗高等学校附属中学校
③[都立]桜修館中等教育学校
④[都立]小石川中等教育学校
⑤[都立]両国高等学校附属中学校
⑥[都立]立川国際中等教育学校
⑦[都立]武蔵高等学校附属中学校
⑧[都立]大泉高等学校附属中学校
⑨[都立]富士高等学校附属中学校
⑩[都立]三鷹中等教育学校
⑪[都立]南多摩中等教育学校
⑫[区立]九段中等教育学校
⑬開成中学校
⑭麻布中学校
⑮桜蔭中学校
⑯女子学院中学校
✿⑰豊島岡女子学園中学校
⑱東京都市大学等々力中学校
⑲世田谷学園中学校
✿⑳広尾学園中学校(第2回)
✿㉑広尾学園中学校(医進・サイエンス回)
㉒渋谷教育学園渋谷中学校(第1回)
㉓渋谷教育学園渋谷中学校(第2回)
㉔東京農業大学第一高等学校中等部(2月1日 午後)
㉕東京農業大学第一高等学校中等部(2月2日 午後)

## 神奈川県

①[県立] 相模原中等教育学校
　　　　平塚中等教育学校
②[市立]南高等学校附属中学校
③[市立]横浜サイエンスフロンティア高等学校附属中学校
④[市立]川崎高等学校附属中学校
✿⑤聖光学院中学校
✿⑥浅野中学校
⑦洗足学園中学校
⑧法政大学第二中学校
⑨逗子開成中学校(1次)
⑩逗子開成中学校(2·3次)
⑪神奈川大学附属中学校(第1回)
⑫神奈川大学附属中学校(第2·3回)
⑬栄光学園中学校
⑭フェリス女学院中学校

## 新潟県

①[県立] 村上中等教育学校
　　　　柏崎翔洋中等教育学校
　　　　燕中等教育学校
　　　　津南中等教育学校
　　　　直江津中等教育学校
　　　　佐渡中等教育学校
②[市立]高志中等教育学校
③新潟第一中学校
④新潟明訓中学校

## 石川県

①[県立]金沢錦丘中学校
②星稜中学校

## 福井県

①[県立]高志中学校

## 山梨県

①山梨英和中学校
②山梨学院中学校
③駿台甲府中学校

## 長野県

①[県立] 屋代高等学校附属中学校
　　　　諏訪清陵高等学校附属中学校
②[市立]長野中学校

## 岐阜県

①岐阜東中学校
②鶯谷中学校
③岐阜聖徳学園大学附属中学校

## 静岡県

①[国立]静岡大学教育学部附属中学校
　　　　(静岡·島田·浜松)
② [県立]清水南高等学校中等部
　 [県立]浜松西高等学校中等部
　 [市立]沼津高等学校中等部
③不二聖心女子学院中学校
④日本大学三島中学校
⑤加藤学園暁秀中学校
⑥星陵中学校
⑦東海大学付属静岡翔洋高等学校中等部
⑧静岡サレジオ中学校
⑨静岡英和女学院中学校
⑩静岡雙葉中学校
⑪静岡聖光学院中学校
⑫静岡学園中学校
⑬静岡大成中学校
⑭城南静岡中学校
⑮静岡北中学校
⑯ 常葉大学附属常葉中学校
　 常葉大学附属橘中学校
　 常葉大学附属菊川中学校
⑰藤枝明誠中学校
⑱浜松開誠館中学校
⑲静岡県西遠女子学園中学校
⑳浜松日体中学校
㉑浜松学芸中学校

## 愛知県

①[国立]愛知教育大学附属名古屋中学校
②愛知淑徳中学校
③ 名古屋経済大学市邨中学校
　 名古屋経済大学高蔵中学校
④金城学院中学校
⑤椙山女学園中学校
⑥東海中学校
⑦南山中学校男子部
⑧南山中学校女子部
⑨聖霊中学校
⑩滝中学校
⑪名古屋中学校
⑫大成中学校
⑬愛知中学校
⑭星城中学校
⑮名古屋葵大学中学校
　(名古屋女子大学中学校)
⑯愛知工業大学名電中学校
⑰海陽中等教育学校(特別給費生)
⑱海陽中等教育学校(I·II)
⑲中部大学春日丘中学校
新刊⑳名古屋国際中学校

## 三重県

①[国立]三重大学教育学部附属中学校
②暁中学校
③海星中学校
④四日市メリノール学院中学校
⑤高田中学校
⑥セントヨゼフ女子学園中学校
⑦三重中学校
⑧皇學館中学校
⑨鈴鹿中等教育学校
⑩津田学園中学校

## 滋賀県

①[国立]滋賀大学教育学部附属中学校
②[県立] 河瀬中学校
　　　　守山中学校
　　　　水口東中学校

## 京都府

①[国立]京都教育大学附属桃山中学校
②[府立]洛北高等学校附属中学校
③[府立]園部高等学校附属中学校
④[府立]福知山高等学校附属中学校
⑤[府立]南陽高等学校附属中学校
⑥[市立]西京高等学校附属中学校
⑦同志社中学校
⑧洛星中学校
⑨洛南高等学校附属中学校
⑩立命館中学校
⑪同志社国際中学校
⑫同志社女子中学校(前期日程)
⑬同志社女子中学校(後期日程)

## 大阪府

①[国立]大阪教育大学附属天王寺中学校
②[国立]大阪教育大学附属平野中学校
③[国立]大阪教育大学附属池田中学校

④[府立]富田林中学校
⑤[府立]咲くやこの花中学校
⑥[府立]水都国際中学校
⑦清風中学校
⑧高槻中学校（A日程）
⑨高槻中学校（B日程）
⑩明星中学校
⑪大阪女学院中学校
⑫大谷中学校
⑬四天王寺中学校
⑭帝塚山学院中学校
⑮大阪国際中学校
⑯大阪桐蔭中学校
⑰開明中学校
⑱関西大学第一中学校
⑲近畿大学附属中学校
⑳金蘭千里中学校
㉑金光八尾中学校
㉒清風南海中学校
㉓帝塚山学院泉ヶ丘中学校
㉔同志社香里中学校
㉕初芝立命館中学校
㉖関西大学中等部
㉗大阪星光学院中学校

### 兵庫県

①[国立]神戸大学附属中等教育学校
②[県立]兵庫県立大学附属中学校
③雲雀丘学園中学校
④関西学院中学部
⑤神戸女学院中学部
⑥甲陽学院中学校
⑦甲南中学校
⑧甲南女子中学校
⑨灘中学校
⑩親和中学校
⑪神戸海星女子学院中学校
⑫滝川中学校
⑬啓明学院中学校
⑭三田学園中学校
⑮淳心学院中学校
⑯仁川学院中学校
⑰六甲学院中学校
⑱須磨学園中学校(第1回入試)
⑲須磨学園中学校(第2回入試)
⑳須磨学園中学校(第3回入試)
㉑白陵中学校
㉒夙川中学校

### 奈良県

①[国立]奈良女子大学附属中等教育学校
②[国立]奈良教育大学附属中学校
③[県立]
- 国際中学校
- 青翔中学校

④[市立]一条高等学校附属中学校
⑤帝塚山中学校
⑥東大寺学園中学校
⑦奈良学園中学校
⑧西大和学園中学校

### 和歌山県

①[県立]
- 古佐田丘中学校
- 向陽中学校
- 桐蔭中学校
- 日高高等学校附属中学校
- 田辺中学校

②智辯学園和歌山中学校
③近畿大学附属和歌山中学校
④開智中学校

### 岡山県

①[県立]岡山操山中学校
②[県立]倉敷天城中学校
③[県立]岡山大安寺中等教育学校
④[県立]津山中学校
⑤岡山中学校
⑥清心中学校
⑦岡山白陵中学校
⑧金光学園中学校
⑨就実中学校
⑩岡山理科大学附属中学校
⑪山陽学園中学校

### 広島県

①[国立]広島大学附属中学校
②[国立]広島大学附属福山中学校
③[県立]広島中学校
④[県立]三次中学校
⑤[県立]広島叡智学園中学校
⑥[市立]広島中等教育学校
⑦[市立]福山中学校
⑧広島学院中学校
⑨広島女学院中学校
⑩修道中学校
⑪崇徳中学校
⑫比治山女子中学校
⑬福山暁の星女子中学校
⑭安田女子中学校
⑮広島なぎさ中学校
⑯広島城北中学校
⑰近畿大学附属広島中学校福山校
⑱盈進中学校
⑲如水館中学校
⑳ノートルダム清心中学校
㉑銀河学院中学校
㉒近畿大学附属広島中学校東広島校
㉓AICJ中学校
㉔広島国際学院中学校
㉕広島修道大学ひろしま協創中学校

### 山口県

①[県立]
- 下関中等教育学校
- 高森みどり中学校

②野田学園中学校

### 徳島県

①[県立]
- 富岡東中学校
- 川島中学校
- 城ノ内中等教育学校

②徳島文理中学校

### 香川県

①大手前丸亀中学校
②香川誠陵中学校

### 愛媛県

①[県立]
- 今治東中等教育学校
- 松山西中等教育学校

②愛光中学校
③済美平成中等教育学校
④新田青雲中等教育学校

### 高知県

①[県立]
- 安芸中学校
- 高知国際中学校
- 中村中学校

## 福岡県

- ①[国立] 福岡教育大学附属中学校（福岡·小倉·久留米）
- ②[県立] 育徳館中学校／門司学園中学校／宗像中学校／嘉穂高等学校附属中学校／輝翔館中等教育学校
- ③西南学院中学校
- ④上智福岡中学校
- ⑤福岡女学院中学校
- ⑥福岡雙葉中学校
- ⑦照曜館中学校
- ⑧筑紫女学園中学校
- ⑨敬愛中学校
- ⑩久留米大学附設中学校
- ⑪飯塚日新館中学校
- ⑫明治学園中学校
- ⑬小倉日新館中学校
- ⑭久留米信愛中学校
- ⑮中村学園女子中学校
- ⑯福岡大学附属大濠中学校
- ⑰筑陽学園中学校
- ⑱九州国際大学付属中学校
- ⑲博多女子中学校
- ⑳東福岡自彊館中学校
- ㉑八女学院中学校

## 佐賀県

- ①[県立] 香楠中学校／致遠館中学校／唐津東中学校／武雄青陵中学校
- ②弘学館中学校
- ③東明館中学校
- ④佐賀清和中学校
- ⑤成穎中学校
- ⑥早稲田佐賀中学校

## 長崎県

- ①[県立] 長崎東中学校／佐世保北中学校／諫早高等学校附属中学校
- ②青雲中学校
- ③長崎南山中学校
- ④長崎日本大学中学校
- ⑤海星中学校

## 熊本県

- ①[県立] 玉名高等学校附属中学校／宇土中学校／八代中学校
- ②真和中学校
- ③九州学院中学校
- ④ルーテル学院中学校
- ⑤熊本信愛女学院中学校
- ⑥熊本マリスト学園中学校
- ⑦熊本学園大学付属中学校

## 大分県

- ①[県立]大分豊府中学校
- ②岩田中学校

## 宮崎県

- ①[県立]五ヶ瀬中等教育学校
- ②[県立] 宮崎西高等学校附属中学校／都城泉ヶ丘高等学校附属中学校
- ③宮崎日本大学中学校
- ④日向学院中学校
- ⑤宮崎第一中学校

## 鹿児島県

- ①[県立]楠隼中学校
- ②[市立]鹿児島玉龍中学校
- ③鹿児島修学館中学校
- ④ラ・サール中学校
- ⑤志學館中等部

## 沖縄県

- ①[県立] 与勝緑が丘中学校／開邦中学校／球陽中学校／名護高等学校附属桜中学校

## もっと過去問シリーズ

### 北海道

北嶺中学校
7年分（算数・理科・社会）

### 静岡県

静岡大学教育学部附属中学校
（静岡·島田·浜松）
10年分（算数）

### 愛知県

愛知淑徳中学校
7年分（算数・理科・社会）

東海中学校
7年分（算数・理科・社会）

南山中学校男子部
7年分（算数・理科・社会）

南山中学校女子部
7年分（算数・理科・社会）

滝中学校
7年分（算数・理科・社会）

名古屋中学校
7年分（算数・理科・社会）

### 岡山県

岡山白陵中学校
7年分（算数・理科）

### 広島県

広島大学附属中学校
7年分（算数・理科・社会）

広島大学附属福山中学校
7年分（算数・理科・社会）

広島学院中学校
7年分（算数・理科・社会）

広島女学院中学校
7年分（算数・理科・社会）

修道中学校
7年分（算数・理科・社会）

ノートルダム清心中学校
7年分（算数・理科・社会）

### 愛媛県

愛光中学校
7年分（算数・理科・社会）

### 福岡県

福岡教育大学附属中学校
（福岡·小倉·久留米）
7年分（算数・理科・社会）

西南学院中学校
7年分（算数・理科・社会）

久留米大学附設中学校
7年分（算数・理科・社会）

福岡大学附属大濠中学校
7年分（算数・理科・社会）

### 佐賀県

早稲田佐賀中学校
7年分（算数・理科・社会）

### 長崎県

青雲中学校
7年分（算数・理科・社会）

### 鹿児島県

ラ·サール中学校
7年分（算数・理科・社会）

※もっと過去問シリーズは
国語の収録はありません。

教英出版
〒422-8054
静岡県静岡市駿河区南安倍3丁目12－28
TEL 054-288-2131
FAX 054-288-2133
詳しくは教英出版で検索
教英出版 検索
URL https://kyoei-syuppan.net/

| 受験番号 |
| --- |
| |

# 令和六年度徳島文理中学校前期入学試験問題

## 第一限　国　語　(60分)　（その一）

注意　解答欄《かいとうらん》は問題用紙の（その六）・（その七）にあります。

一　次の文章を読んで、後の問いに答えなさい。

私が「生命誌」を始めたきっかけは、括弧《かっこ》つきの「生命科学」に疑問を感じたからでした。そこでまず、生命科学誕生の経緯《けいい》を見ておきます。

時代は一九七〇年に戻《もど》ります。この一九七〇年という年に、日本で①生命科学、米国で②ライフサイエンスが登場しました。多くの方はこの二つの言葉は同じ内容と思い、生命科学はライフサイエンスの訳だと思っていらっしゃるのではないでしょうか。実は、この二つはそれぞれ独立したものとして、偶然《ぐうぜん》にも同じ年に生まれたのです。

しかしこの二つには共通するところがあります。それは「人間」を研究対象としていることです。それまで生きものの研究は「生物学」と呼ばれてきました。大学の生物学科は植物学と動物学に㋐大別され、他に微生物《びせいぶつ》などさまざまな生きものが研究されていましたが、その中に人間は含《ふく》まれていませんでした。人間を研究するのは人類学《じんるいがく》や心理学であり、これらの学科はほとんど文学部に所属していました。もう一つ、人間を対象にするのは医学ですが、これは人間そのものを知るというより、病気を知り治療法《ちりょうほう》を考えることを目的としています。

[A]、私の恩師である江上不二夫《えがみふじお》先生が考え出した「生命科学」は、生物学を、人間を対象とするものに変えようという大胆《だいたん》な、そして今振《ふ》り返ると㋑センケンセイの高い発想から生まれたものでした。ここで展開された問いは、「生命とはなにか」です。

それまでの生物学では、カエルの卵からオタマジャクシが生まれる様子、コウモリの生態、アリの社会、アサガオの㋒ヘンシュなどさまざまな生物を対象にさまざまな現象を調べる研究が行なわれていました。それらはまったく独立して行なわれ、研究者がお互《たが》いに関係を持つことはありませんでした。しかしここにいたってようやく種々の生物を総合的な視点で見ながら、「生命とはなにか」を問う学問が現われたのです。その土壌《どじょう》となったのは、言うまでもなく、一九五〇年代に始まったDNA研究でした。DNA研究は、大腸菌《だいちょうきん》でもゾウでもさらには人間でも、「生命現象の基本は同じである」ということを示したのです。

現代生物学の一大㋓テンキを、一九五〇年代におけるDNAの二重らせん構造の発見に置くことに、異論のある人はないと思います。地球上の生きもののすべては細胞《さいぼう》から成り、そこには必ずDNAがあること、それが③「生きている」という生物すべてに共通の現象を支える基本物質であることが解明されていった経過はここで改めて述べません。

DNAというとまず「遺伝子」として、ある性質を決めてしまうものとしてのみ受けとめられがちですが、生物学においてDNAが重要だったポイントはそこではありませんでした。一九五三年に発見されたDNAの二重らせん構造は、何よりもそれ自体が「生きものの持つ特徴《とくちょう》」をすべて備えているという点で研究者を惹《ひ》きつけたのです。つまり、自分と同じものをフクセイしてふやしていく（これはネコの子はネコ、イヌの子はイヌという意味でのマクロな意味でもあり、体の中で筋肉の細胞になったものは同じ筋肉の細胞としてふえていくというミクロな意味でもあります）という性質、体に必要なタンパク質をつくる情報を持つということ、基本的には同じものとしてふえながら時に変化をして進化していくという性質などです。そしてこの「DNAの持つ情報のもとに作られたさまざまなタンパク質がはたらいている」という状態がまさに「生きている」ということの具体的な姿なのです。つまり、DNAに㋔基づくこの営みを見る限り、「生きている」という現象じたいはどのような生きものでも同じであり、大腸菌もゾウも人間も、同じ土俵の上で語れることがわかったのです。

この作業は、あらゆる生きものの中で行なわれています。[B]、この作業が行なえない場合、生きものは生きることができません。この作業はじっさいにはとても複雑で、私たち人間の場合でしたら、二万三〇〇〇種ほどの遺伝子がはたらいて多様なタンパク質がいつ、どこで、どれだけの量つくられるかというところから始まり、それらがお互いに関連し合いながらどの

| 受験番号 |
| --- |
| |

# 令和六年度徳島文理中学校前期入学試験問題

## 第一限　国語（その二）

ようにはたらくかというところまですべて制御《せいぎょ》されていなければ、今ここで生きていることはできません。日常的にはもちろんこの様子は目に見えず、私たちは自分の体の中でたくさんの分子たちが絶え間なくつくられたり、はたらいたり、壊《こわ》されたりしていることなど考えもせずに暮らしています。しかし生きものはすべてバクテリアも昆虫《こんちゅう》も植物もこれだけのことをやっているわけで、それだけですごい！と思わざるを得ません。

こうしたＤＮＡ研究の進展により、すべての生きものに共通な現象、「生きている」とはどういうことかを具体的に知ることができるようになりました。しかしこの意識を持ったのは、生物学者のなかでもＤＮＡのはたらきを基に生きものを見ている分子生物学者だけであり、多くの生物学者は従来の個別研究にこだわっていました。そこで江上は、「生命科学」という新しい言葉をつくって、生物研究の新しい方向を打ち出したのです。

このように考えると、これまで生物学の対象とならなかった人間もまったく同じ問いの対象になることがわかり、生命科学では人間を知ることも研究目的になります。正確に言うと、地球上の他の生きものすべてとつながっている生きものとしてのヒトを知るということが目的に入ります。そして、④その知識を基にして人間について考え、さらには人間の生き方を考えようということになります。社会をつくり、文化・文明を持つ人間について人類学や心理学だけでなく、哲学《てつがく》・社会学などとも［Ｃ］して理解していきたいと考えたのが生命科学の始まりです。

（中村桂子《なかむらけいこ》『科学者が人間であること』岩波新書）

問一　波線部㋐～㋔のうち、漢字は読みを記し、カタカナは漢字に改めなさい。

㋐ 大別　㋑ センケンセイ　㋒ ヘンシュ　㋓ テンキ　㋔ 基（づく）

問二　本文中の［Ａ］・［Ｂ］に入る適当な言葉を次のア～オの中から一つずつ選び、それぞれ記号で答えなさい。ただし、同じ記号を繰り返し用いてはなりません。

ア　逆に言うなら　イ　話は変わりますが　ウ　こういうわけで　エ　これに対して　オ　それに加えて

問三　傍線《ぼうせん》部①「生命科学」とあるが、これはどんな学問か。本文中から三十五字以内で書き抜きなさい。（句読点《くとうてん》、符号《ふごう》なども字数に数えます。以下同じ。）

問四　傍線部①「生命科学」と傍線部②「ライフサイエンス」の共通点は何か。それを説明している一文を見つけてはじめの五文字を書き抜きなさい。

問五　傍線部③「『生きている』という生物すべてに共通の現象」とあるが、どういう現象か。四十五字以内で答えなさい。

問六　傍線部④「その知識」とあるが、どのような知識か。本文中の言葉を用いて答えなさい。

問七　本文中の［Ｃ］に入る言葉を次から選び、記号で答えなさい。

ア　独立　イ　依存　ウ　協働　エ　分散

# 令和六年度徳島文理中学校前期入学試験問題　第一限　国語（その二）

受験番号

二　次の文章を読んで、後の問いに答えなさい。

（僕（コペル）は、学校に来なくなった友人の優人（ユージン）の元を訪ねた。）

杉原《すぎはら》先生のことを考えると、いつもバックには太陽が明るく照りつけている、ってイメージが浮《う》かぶ。若くて元気がよくて、いつも創意工夫とやる気にあふれていた、青春学園ドラマの主人公になりそうな先生だった。ちょうど学校が郊外《こうがい》にあったから、僕《ぼく》たちは大凧《おおだこ》を作って上げたり、近くの川で水車を作ったりしたものだ。そういうことを企画《きかく》し、先頭に立って指導していたのはいつも杉原先生だった。㋐ネッケツカンであるあまり、我が道を突《つ》っ走るきらいはあったけれど、意地の悪いところなんかはなかった。それは誓《ちか》ってもいい。

そんな杉原先生が、いったいユージンに対して何をしたというのか。

「……小さい頃《ころ》、ニワトリを飼ってたんだ」

ユージンはそう呟《つぶや》いた。その瞬間《しゅんかん》、僕は、あっと思った。

そのニワトリのことなら、僕も知っている。ユージンがヒヨコのころから飼っていた、コッコちゃんだ。正確に言うと、ヒヨコになる前から飼っていた。有精卵で買ってきたのを、誰《だれ》かから、それを温めたらヒヨコが生まれるって聞いて、電球やら湯たんぽやらときには自分の下着の間に入れたりして、ユージンは苦心惨憺《くしんさんたん》して温め、本当に孵《かえ》ったヒヨコだったんだ。

「……僕も覚えてるよ」

今までどこかで、見ないようにしていたもの、とりあえずカッコに括《くく》って横に置いていたもの、その場所を今まさにユージンが指し示した気がした。

「杉原は僕のこと、嫌《きら》いだったんだよ、ほんとは」

え？　と僕は過去のいろんな場面を思い出そうとしたけれど、思い当たることはなかった。……コッコちゃんのこと以外は。

「気のせいじゃないのか」

ユージンは激しく首を振《ふ》った。

「気のせいじゃない。僕みたいにいちいちうじうじ考え込《こ》むタイプは、A に受け付けないんだ、あいつは」

「でも、それを言うなら、僕だって」

いちいち考え込むタイプ、というなら㋑人後に落ちるものではない、と㋒自負している。

「コペルはまだ、可愛げみたいなのがあるんだよ。皆《みな》に、愛すべきやつ、って思われるような」

なんだよ、それ。僕はむっとした。

「意識して媚《こ》びてたつもりなんかないけど」

「媚びるとか媚びないとかの問題じゃないんだよ。生まれついてのものなんだ」

そんなふうに言われたら、反論のしようがないじゃないか。

「だからきっと、軍隊に入ったとしてもうまく生き抜《ぬ》いていけるよ」

ここでもう、ちょっと相当カチンときたけど、ユージンが次に、

「でも僕は無理だな」

って言ったとき、ああ、そうだ、ユージンには絶対無理だ、と素直に思えた。それと較《くら》べれば、自分のほうがまだ、そんなとこでも適応力がありそうな気がした。なんて言うんだろう。ある種の鈍《にぶ》さか。こういうの、B って言うんだろうか。

いや、違う。でもこれについては後日改めてまた考えることにしよう。

受験番号

# 令和六年度徳島文理中学校前期入学試験問題

## 第一限　国語（その四）

「……おやじとおふくろの離婚《りこん》がいよいよ決定的になったとき、最初おふくろは僕と妹を連れて出て行くつもりだったんだ。持っていくもの、置いていくもの、考えているうちに、ニワトリをどうしよう、ってことになった。あんな、うるさく鬨《とき》をつくるオンドリなんか、町中のマンションには連れていけない。そうだ、学校で飼ってる動物の仲間にしてもらえたらと思いついた。僕もそれなら毎日会えるし、いいか、と思った。それでおふくろが学校へ連絡《れんらく》した。校長は二つ返事でオーケーした。おふくろは僕に、ニワトリを学校へ持って行かせた」

そのときのことも覚えている。

（中略）

これは、ユージンが、自分自身の記憶《きおく》から㋓サイコウセイして語った、「そのとき何が起こったか」だ。

「ニワトリを玄関の横につないで、職員室に行ったら、杉原がいたんで、コッコを連れてきました、って言ったんだ。え？と最初はわけが分かんない様子だったけど、僕が、学校で……と言いかけたら、ああ、分かった、君が飼ってたニワトリを学校がもらうことになったんだな、と、頷《うなず》いた。考えればその言い方が、①すでに少しずれていた。でも間違《まちが》いじゃないから、そうです、って返事すると、じゃあ、預かっとくから、君、教室に入ってなさい、って言われた。その通りにした。そうしたら、朝の職員会議が終わって、教室に入ってきた杉原は、いきなり、『今日の総合学習では、食べ物がどこから来るかということを勉強したいと思う。たとえばトリ肉は、最初からパックに入っているわけではなくて……』って言い出した。いやな予感がした。『今、そこにある命が、自分の命を支えてくれる、自分の血や肉になるという体験をしてもらいたいと思う。昔、家で飼っているニワトリをつぶして食べるっていうことは、ごく普通《ふつう》のことだった。だからこそ、食べ物にも自然と感謝の気持ちが湧《わ》いたんだ。先生は以前から君たちにもそういう体験をしてもらいたいと思っていたんだ。命が繋《つなが》がっていく、ということを。ちょうど今日、優人が自宅で飼えなくなったニワトリを持ってきてくれた。もし、優人が許してくれたらだけれど、つぶして、料理する、ってことをやってみないか』。血の気が引くって、ああいうときのことを言うんだろうな。杉原は自分の『斬新《ざんしん》で本質をついた教育』に興奮して目がきらきらしていた。みんなも、えぇーって言いながら、退屈《たいくつ》な授業が、なんかとてつもなく［C］なものに変わり、ふだんはタブーそのものの、『殺し』の場に居合わせられるっていう、非日常的な事態に動揺《どうよう》し、それを、僕ははっきりと断言するけど、『興奮して楽しんでいた』。コペル、おまえもそうだったはず。

いや。責めてるんじゃないよ。そのことを認めてほしいとは思ってるけど。

とにかく、僕は、みんなのためにニワトリを教材として提出すべきだと期待されていた。クラス中の無言の圧力を感じた。

僕は、教材にするためにニワトリを飼っていたんじゃない。

その一言が、どうしても言えなかった。僕がずっと黙っているので、杉原は苛々《いらいら》した。

『さっき、優人のお母さんに連絡したら、そういうことならニワトリも㋔本望でしょうって言ってらしたぞ』杉原のその一言がクラスのムードに追い打ちをかけた。僕は、それで、僕は、とうとう最後に頷いたんだ。②自分の気持ちとは関係なく、体がそう動いたんだ。自分でないみたいだった」

そうだ、僕も覚《おぼ》えてる。え？　え？　って驚《おどろ》いているうちに、ことはどんどん進んでいった。いやだ、やめてほしい、と泣き出す女の子もいたっけ。でも、ユージンはただ黙《だま》っていた。いいのかよ、いいのかよ、と僕は半信半疑でそこにいた。［X］を唱えようにも、杉原先生の言い分は、いかにも［Y］にかなっているような気がした。ただ、どこか、③何かを無視したような強引さで進んでいく気がしたけど、どこがおかしい、というのを指摘《してき》するだけの力が僕にはなかった。「何かがおかしい」って、「違和感《いわかん》」を覚える力、「引っ掛《か》かり」に意識《いしき》のスポットライトを当てる力が、なかったんだ。「正論風」にとうとうと述べられると、途中《とちゅう》で判断能力が麻痺《まひ》してしまう癖《くせ》もあった。

受験番号

# 令和六年度徳島文理中学校前期入学試験問題

## 第一限　国語　（その五）

けれど、ユージンが自分なりの判断でそうするというのなら、それはそれですごい自己犠牲《じこぎせい》のように思えたし、また、ああいうことって、「本当に大切な、知っておかなければならないこと」のような気もしたのも事実だ。④「命が繋がっていくこと」なんて言われると。

（梨木香歩《なしきかほ》『僕は、そして僕たちはどう生きるか』）

問一　波線部㋐～㋔のうち、漢字は読みを記し、カタカナは漢字に改めなさい。

㋐ ネッケツカン　㋑ 人後　㋒ 自負　㋓ サイコウセイ　㋔ 本望

問二　本文中の[A]・[B]・[C]に入る適当な言葉を次のア～オの中から一つずつ選び、それぞれ記号で答えなさい。ただし、同じ記号を繰り返し用いてはなりません。

ア 段階的　イ 生理的　ウ 刺激《しげき》的　エ 健康的　オ 画一的

問三　本文中の[X]・[Y]に入る漢字一文字をそれぞれ答えなさい。

問四　傍線部①「すでに少しずれていた」とあるが、優人と杉原の間で、どのような点がずれているのか答えなさい。

問五　傍線部②「自分の気持ちとは関係なく、体がそう動いたんだ」とあるが、その理由を八十字以内で答えなさい。

問六　傍線部③「何かを無視したような強引さ」とあるが、「何か」とはどのようなことだと考えられるのか答えなさい。

問七　傍線部④「命が繋がっていくこと」とは、どういうことか。「～こと。」に続く形で本文中から三十五字以内で書き抜きなさい。

令和六年度[illegible]文理中学校前期入学試験問題

第二限　国　語

令和6年度　　　　徳島文理中学校前期入学試験問題

| 受験番号 | |
|---|---|

# 第２限　算数　（その１）

※100点満点
（配点非公表）

（60分）

**１．** 次の計算をしなさい。

(1)　$\left(\frac{5}{3}-\frac{9}{7}\right)\div\frac{4}{3}$

(2)　$\left(\frac{7}{8}-\frac{5}{6}\right)-\left(\frac{3}{4}-\frac{7}{9}\right)$

(3)　$9+98+997+9996+99995+999994$

(4)　$(12-1)\times(27-4)\div\frac{1}{2}\div\frac{1}{2}\div\frac{1}{2}$

| 答え | | |
|---|---|---|
| | (1) | |
| | (2) | |
| | (3) | |
| | (4) | |

**２．** 次の(あ)(い)の2つの数字の列があります。

(あ)　14，21，28，35，42，49，56，63，……　は，7の倍数を14から順番に並べたものです。

(い)　4，1，8，5，2，9，6，3，……　は，(あ)の一の位の数字を順番に並べたものです。

次の問いに答えなさい。

(1)　(い)の17番目の数字を答えなさい。

(2)　(い)の数字をはじめから順番にたしていき，はじめて3桁になるのは何番目までたしたときですか。

(3)　(い)の数字をはじめから順番にたしたとき，ちょうど200になるときの(い)の数字は何ですか。

(4)　(3)の数字は(あ)の数字の一の位です。その(あ)の数字を答えなさい。

| 答え | | |
|---|---|---|
| | (1) | |
| | (2) | 番目 |
| | (3) | |
| | (4) | |

**３．** 文理君はお父さんと新年コンサートに行くことになりました。同時に家を出ましたが，お父さんは良い席を取るために早足で会場に向かいました。会場に着いたとき，お父さんは入場券を玄関に忘れたことに気がつき走って取りに帰り，チケットを持って走って会場に向かいました。下のグラフは，家を出発してからの時間と２人の距離の関係を表したものです。家から会場までは1.8kmあります。ただし，文理君の歩く速さ，お父さんの早足の速さ，走る速さはそれぞれ一定とします。次の問いに答えなさい。

(1)　お父さんの早足は分速何mですか。

(2)　文理君の歩く速さは分速何mですか。

(3)　(ア)の時間は何分ですか。

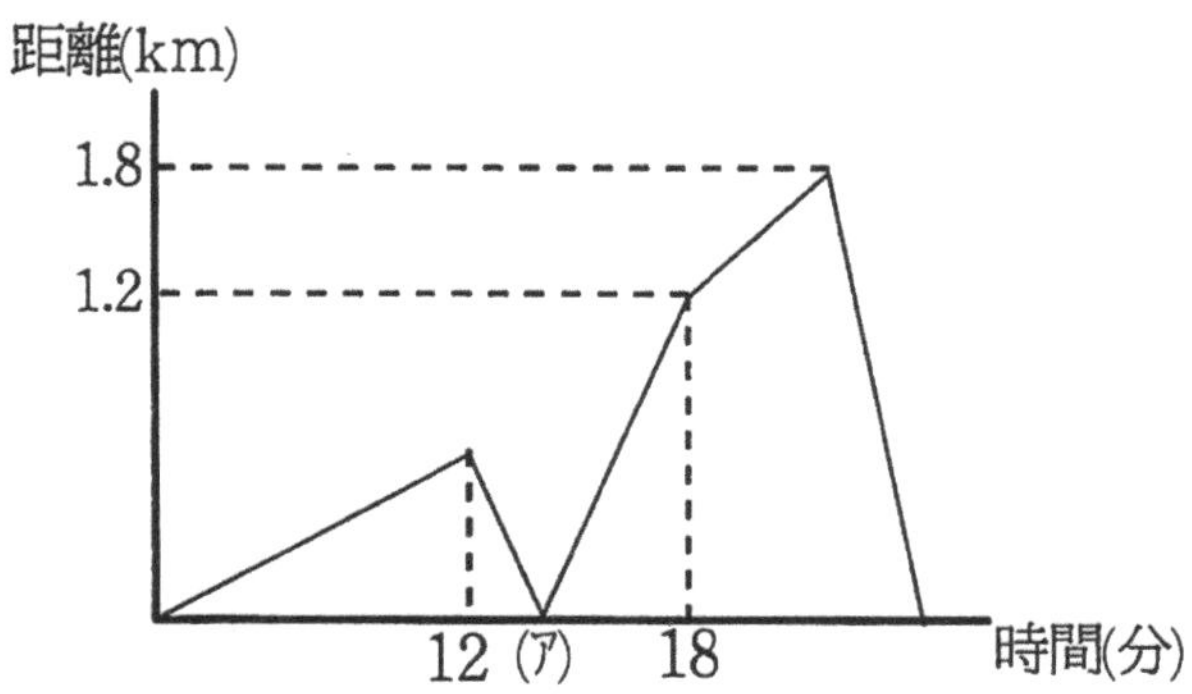


| 答え | | |
|---|---|---|
| | (1) | 分速　　　　m |
| | (2) | 分速　　　　m |
| | (3) | 分 |

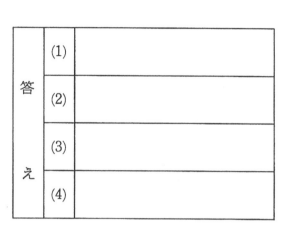

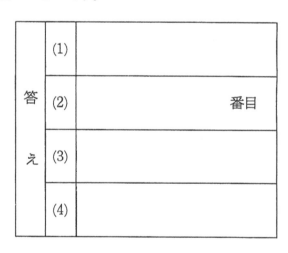

令和6年度　　　徳島文理中学校前期入学試験問題

| 受験番号 | |
|---|---|

## 第２限　算数　（その2）

4．次の問いに答えなさい。円周率は3.14とします。

(1)　[図1]の4つの円の半径は5 cmで，それぞれの円は円周でくっついています。[図1]の斜線部の面積を求めなさい。

(2)　[図2]の台形ABCDの面積を求めなさい。

(3)　[図3]は半径5 cmの半円と縦10 cm 横7 cmの長方形が，図のように重なっています。点Oは半円の中心です。(ア)周の長さ(太線部分)と(イ)斜線部の面積を求めなさい。

(4)　[図4]において，AEは角Aの二等分線で，CDは角Cの二等分線です。角Bが90度のとき，(ア)の角の大きさを求めなさい。

| 答え | | |
|---|---|---|
| | (1) | $cm^2$ |
| | (2) | $cm^2$ |
| | (3) | (ア)周の長さ：　　cm |
| | | (イ)面積：　　$cm^2$ |
| | (4) | 度 |

[図1]

[図2]

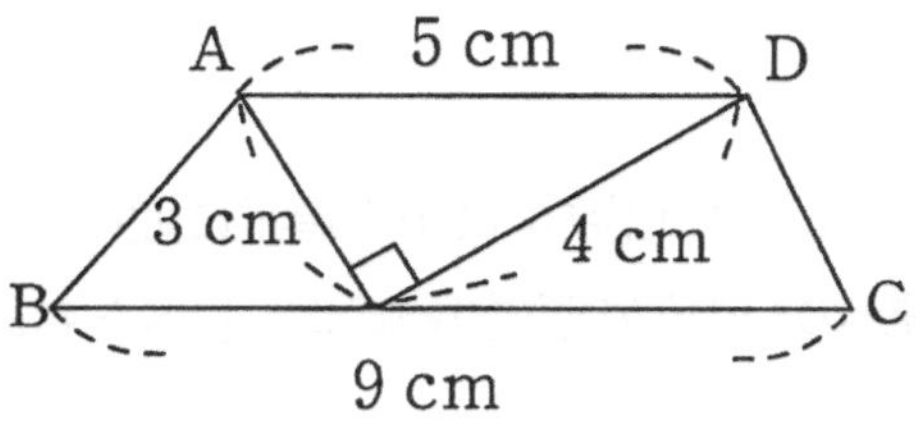


[図3]

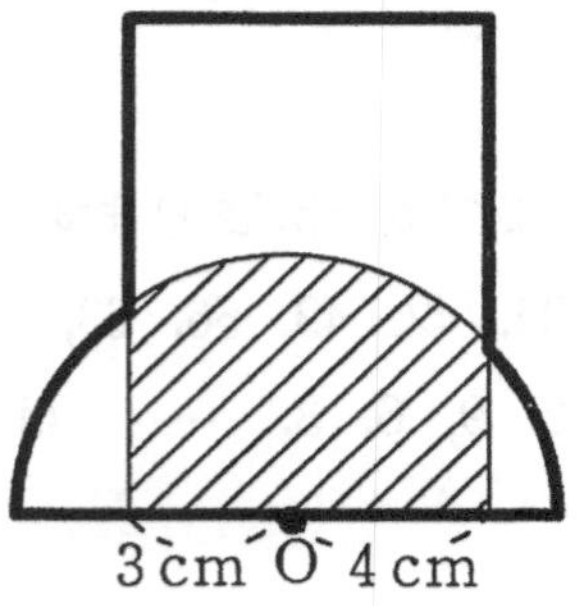


[図4]

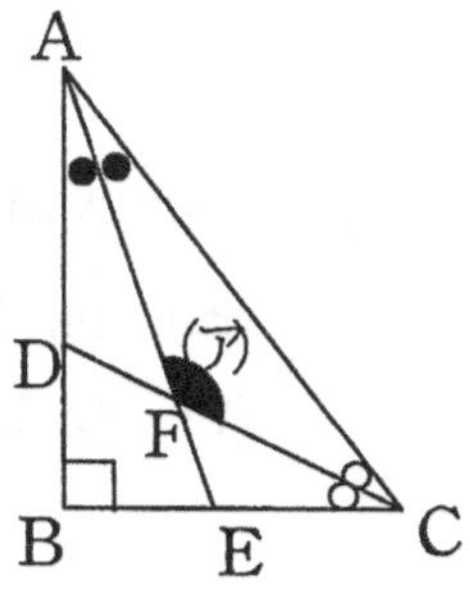


5．三角形ABCにおいて，DEとBCは平行です。三角形DEFの面積は5 $cm^2$，BFとEFの比が2：1であるとき，次の問いに答えなさい。

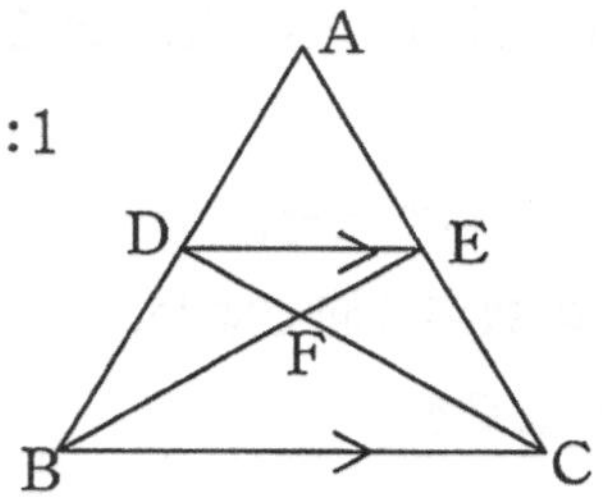


(1)　AEとACの比を求めなさい。

(2)　三角形ADEの面積を求めなさい。

| 答え | | |
|---|---|---|
| | (1) | AE：AC＝　　： |
| | (2) | $cm^2$ |

6．1辺の長さが6 cmの立方体の展開図が右の図のようになります。この展開図を組み立てた立方体を考えます。また，図のようにこの立方体のAB，AD，FGの真ん中の点をそれぞれI，J，Kとします。次の問いに答えなさい。

展開図

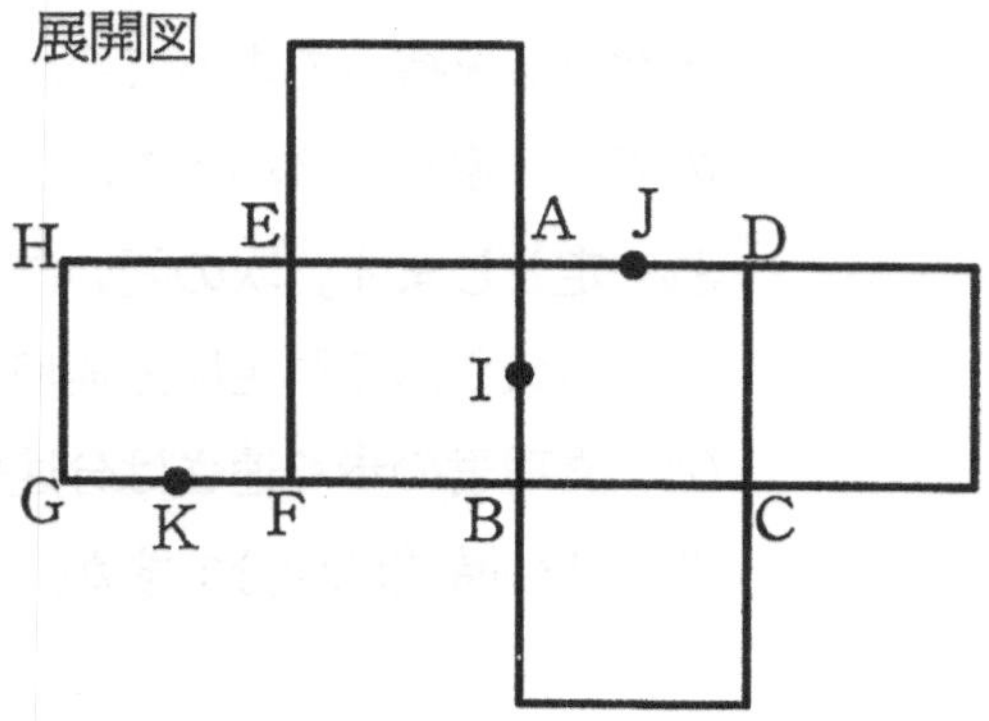


(1) 展開図を組み立ててできる立方体を点I，J，Kを通る平面で切断するとき，その切り口にできる図形の名前を答えなさい。

(2) (1)のように，この立方体を点I，J，Kを通る平面で切断した2つの部分のうち，頂点Cを含む側の立体の体積を求めなさい。

| 答え | | |
|---|---|---|
| | (1) | 角形 |
| | (2) | $cm^3$ |

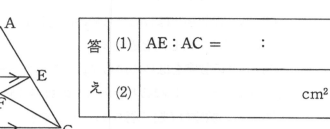

受験番号

# 令和六年度徳島文理中学校前期入学試験問題

## 第一限　国語　（その六）

※100点満点
（配点非公表）

解答欄

一

問一
㋐
㋑
㋒
㋓
㋔
（づく）

問二
A
B

問三

問四

問五

問六

問七

受験番号

# 令和六年度徳島文理中学校前期入学試験問題

## 第一限　国語　（その七）

解答欄

二

問一
㋐
㋑
㋒
㋓
㋔

問二
A
B
C

問三
X
Y

問四

問五

問六

問七

こと。

# 令和五年度徳島文理中学校前期入学試験問題（その一）

## 第一限　国語（60分）

注意　解答欄《かいとうらん》は問題用紙の（その五）・（その六）にあります。

| 受験番号 |
| --- |
| |

一　次の文章を読んで、後の問いに答えなさい。

効率という言葉が正義になってしまったのは、いつの頃《ころ》からだろうか。新幹線から食堂車が消滅《しょうめつ》したときも、その理由は効率云々《うんぬん》だったと記憶《きおく》している。できるだけ多くの客を乗せて運行した方が、経済的に実りが多いという事情はわかる。だが、在来線の特急も含《ふく》め、食堂車が姿を消してしまった日本の鉄道の旅からは、なにか大きなものが失われたという感がある。

①本の読み方にも同じことが言える。かつて速読はひとつの芸でしかなく、一般的《いっぱんてき》な読書の姿勢ではなかった。しかし、効率最優先のこの時代では、俄然《がぜん》正統派の位置を占《し》めつつある。メールやＳＮＳ、ゲームなどで忙《いそが》しい若者たちだけではなく、腰《こし》を据《す》えて人生の味わいを感受すべき壮年層《そうねんそう》にもこの傾向《けいこう》は見られる。一冊の本とゆっくり向かい合う時間が、現代の日本列島で暮らす人々からは失われつつある。本を読むなら速読が好ましいし、名作を知るなら、五分で粗筋《あらすじ》がわかるダイジェスト版が㋐ツゴウ良いのである。

速読が効率的であると主張する人々には、二つの理由があるようだ。書かれている知識を吸収するのにちんたら時間をかけているのはバカらしいということ。もうひとつは、脳の㋑カッセイ化である。スピーディーに文字を追うことにより、カンフル剤《ざい》でも打ったかのように脳が働きだすという理屈《りくつ》だ。

どんな読み方をしようと自由だから、速読を否定しようとは思わない。ただ、②読書は、知識を吸収することだけが目的なのではない。テレビ、映画、ゲームなど、映像を受けとめるばかりの脳の使い方とは違《ちが》い、読書は書かれた文字をもとに、脳内に光景や論理を立ち上がらせる創造行為《こうい》である。書く側の創造と読む側の創造があって、読書は初めて成り立つのだ。速読に挑《いど》まずとも、頭のなかに像を結ぶ丁寧《ていねい》な読書ができるなら、脳は十分に喜んでいるのではないだろうか。

ボクが大学の教員として学生たちに勧《すす》めているのは、極めてゆっくりと味わう読書である。自分では、③「扉《とびら》をあける読書」と呼んでいる。

たとえば三年生のゼミ生の場合、前期は日本戦没《せんぼつ》学生の㋒手記『きけ　わだつみのこえ』（岩波文庫）とベトナム戦争時の米兵の手紙集を交互《こうご》に読む作業になる。後期は収容所を生き延びた心理学者Ｖ・Ｅ・フランクルの『夜と霧《きり》』（みすず書房《しょぼう》）が必修の一冊だ。これらを一ページずつ大切に、じっくり読んでいく。学生たちにとって難解な言葉があれば、それを調べてもらい、その発表を交えて、同じページを繰《く》り返し読む。

この行為により、読書は各自のなかでどんどん深まっていく。特攻《とっこう》隊員の㋓イショに記された「自由主義」という言葉から、「京大滝川《たきがわ》事件」や「天皇機関説」が現れる。「クロオチェ」や「ポアンカレー」などの人名が飛びだし、文学座の「わが街」や賢治《けんじ》の「鳥の北斗七星《ほくとしちせい》」も登場する。それらを学生たちは調べたり、読んだりする。すると、文字の奥《おく》に隠《かく》れていた当時の日本の空気というものが浮《う》かび上がってくる。同時に、本当は死にたくなかった学徒兵たちの気持ちが伝わり、二〇〇〇年生まれの学生たちもふと心のなかで立ち止まる。④眼差しが新たになる。

速読の時代に、なぜボクがこのような遅読《ちどく》を勧めるのか。もう一つの理由は、書物と世界には垣根《かきね》がないという見方をしているからだ。書物のなかに扉を見つけ、それをあけることによって一ページ内の表現に深く入りこんでいくという精神的行為は、実に、世界の積極的な再構成に他ならない。ボクらが暮らすこの社会にも無限の扉があり、それらはふだん隠れているのだが、「扉をあける読書」を経験した者なら、効率主義の人よりはきっと見つけやすいのである。

| 受験番号 |
| --- |
| |

# 令和五年度徳島文理中学校前期入学試験問題

## 第一限　国　語　（その二）

最寄り駅から大学キャンパスまでの道。これをただ歩くのではなく、扉を見つけるように進みなさいとボクは学生たちに言う。どれだけの種類の草花に会えるのか。どんな小鳥の声が聞こえてくるのか。通行人を守るガードレールを発明した人はだれなのか。通りに一店舗《てんぽ》を構えるならどんな㋔業種が喜ばれるのか。その扉をあけ、自分なりの答えを見つけることにより、道は日々新たになる。世界は更新《こうしん》される。

といった主張をすると、「それで、どんな教育効果がありましたか?」とよく尋《たず》ねられる。そんなことは、わかるはずがない。扉をあけることの豊かさを学生たちが実感するのは、十年、二十年、あるいはもっと先かもしれないのだ。【　】はあまりよくないのである。

（ドリアン助川《すけがわ》「扉をあける読書」）

問一　波線部㋐〜㋔のうち、漢字は読みを記し、カタカナは漢字に改めなさい。

㋐　ツゴウ　　㋑　カッセイ　　㋒　手記　　㋓　イショ　　㋔　業種

問二　傍線部①「本の読み方にも同じことが言える」とあるが、「同じこと」とはどういうことか、本文中の言葉を用いて答えなさい。

問三　傍線部①「本の読み方にも同じことが言える」とあるが、本の読み方において失われたものは何か。本文中から十六字で書き抜きなさい。（句読点、符号なども字数に数えます。以下同じ。）

問四　傍線部②「読書は、知識を吸収することだけが目的なのではない」とあるが、筆者は「読書」をどのようなものと考えているか答えなさい。

問五　傍線部③「自分では、「扉をあける読書」と呼んでいる」とあるが、「扉をあける読書」とはどういうことと筆者は考えているか。それがわかる一文を本文中から取り出して最初の五字を示しなさい。

問六　傍線部④「眼差しが新たになる」とはどういうことか。「〜することによって〜なるということ。」という形で百字以内で答えなさい。

問七　傍線部④「眼差しが新たになる」と同様の意味で用いられている本文中の言葉を八字で書き抜きなさい。

問八　本文中の空欄【　】にあてはまる漢字二字の言葉を本文中から書き抜きなさい。

| 受験番号 |
| --- |
| |

# 令和五年度徳島文理中学校前期入学試験問題

## 第一限　国語　（その三）

二　次の文章を読んで、後の問いに答えなさい。

お詫び
著作権上の都合により、文章は掲載しておりません。
ご不便をおかけし、誠に申し訳ございません。
教英出版

お詫び
著作権上の都合により、文章は掲載しておりません。
ご不便をおかけし、誠に申し訳ございません。
教英出版

受験番号

# 令和五年度徳島文理中学校前期入学試験問題

## 第一限　国語　（その四）



（高橋《たかはし》源一郎《げんいちろう》『さよならクリストファー・ロビン』新潮社刊）

問一　波線部㋐～㋔のうち、漢字は読みを記し、カタカナは漢字に改めなさい。

㋐　ショウタイ　㋑　インサツ　㋒　応（える）　㋓　コウウン　㋔　脳裏

問二　傍線部①「なされねばならぬこと」として、適当ではないものを次のア～エの中から一つ選び、記号で答えなさい。

ア　元漁師が海亀を助けたこと。　イ　元漁師の若々しさが失われたこと。
ウ　元漁師が海底を訪れたこと。　エ　元漁師の姿が消えてしまったこと。

問三　本文中の空欄【　A　】・【　B　】に入る適当な言葉を、次のア～オの中から一つずつ選び、それぞれ記号で答えなさい。（ただし、同じ記号を繰り返し用いてはなりません。）

ア　もし　イ　また　ウ　やはり　エ　ときどき　オ　いつも

問四　傍線部②「冷たいなにか」とあるが、これは何か。二十五字以内で答えなさい。

問五　本文中の空欄【　X　】・【　Y　】に入る適当な言葉を、次のア～オの中から一つずつ選び、それぞれ記号で答えなさい。（ただし、同じ記号を繰り返し用いてはなりません。）

ア　楽しみ　イ　憎《にく》しみ　ウ　おかしみ　エ　苦しみ　オ　慈《いつく》しみ

問六　傍線部③「それ」とは何か。二十五字以内で答えなさい。

問七　傍線部④「オオカミは自分の体を抱きしめ、それから思いきり匂いを嗅いだ」とあるが、なぜそうしたのか。七十字以内で答えなさい。

※100点満点
（配点非公表）

令和５年度　　　徳島文理中学校前期入学試験問題

| 受験番号 | |
|---|---|

# 第２限　算数　（その１）

（60分）

１．次の計算をしなさい。

(1) $\left(\frac{2}{5}-\frac{1}{7}\right)\div 3+\frac{1}{5}$

(2) $\left(\frac{3}{2}-\frac{4}{5}\right)-\left(\frac{7}{6}-\frac{8}{9}\right)$

(3) $\frac{1}{2}-\frac{1}{3}+\frac{1}{4}-\frac{1}{6}+\frac{1}{8}-\frac{1}{12}+\frac{1}{16}-\frac{1}{24}$

(4) $0.5\times3\times0.25\div6\div0.125$

(5) $(2023-12-27)\times5\times5\times5\times5$

| 答え | | |
|---|---|---|
| | (1) | |
| | (2) | |
| | (3) | |
| | (4) | |
| | (5) | |

２．　21，1，3，5，23，7，9，11，25，13，15，17，27，……
のように，ある規則にしたがって数字が並んでいます。
次の問いに答えなさい。

(1) 27 の次の数字を答えなさい。

(2) はじめて同じ数字がとなりあうとき，その数字を答えなさい。

(3) 55 が2回目に出てくるのは，はじめから数えて何番目ですか。

| 答え | | |
|---|---|---|
| | (1) | |
| | (2) | |
| | (3) | 番目 |

３．右の図のように長方形ABCD があります。Ｅは辺AB，Ｆは辺CD 上の点で，点Ｐは辺AD 上をＤからＡに向かって毎秒5cm の速さで，点Ｑは辺BC 上をＢからＣに向かって毎秒3cm の速さで，点Ｒは辺EF 上をＦからＥまで毎秒6cm の速さで，同時に進み始め，点Ｒ がＥに到着したとき，他の2点も停止します。
次の問いに答えなさい。

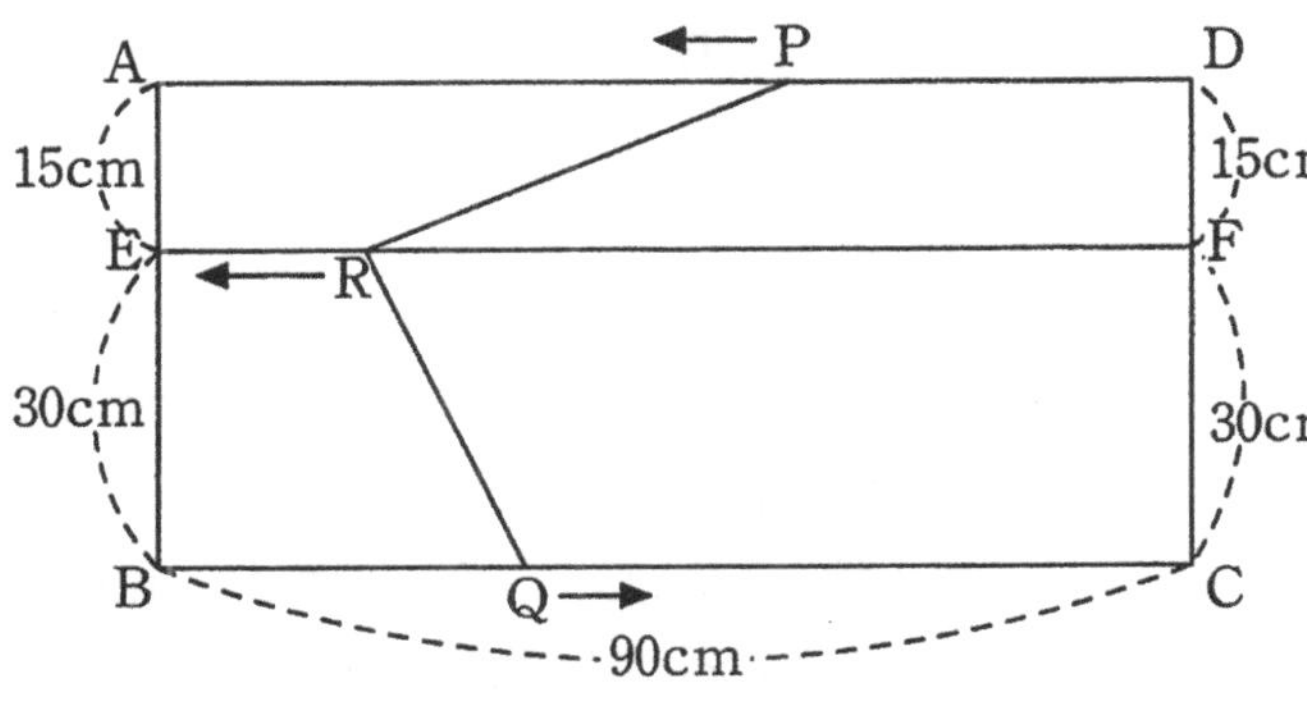


(1) 点Ｒ がＥに到着するのは動き始めてから何秒後ですか。

(2) 点Ｐは Ａ から何cmのところで停止しますか。

(3) 3点が停止したときの三角形PQR の面積を求めなさい。

| 答え | | |
|---|---|---|
| | (1) | 秒後 |
| | (2) | cm |
| | (3) | $cm^2$ |

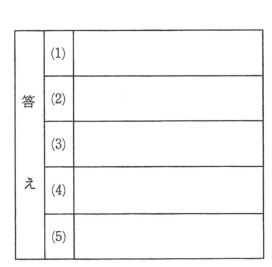

| 受験番号 | |
|---|---|

# 第２限　算数　（その2）

４．(1)　[図1] は，長方形を折り曲げてできた図形です。
角(ア) の大きさを求めなさい。

(2)　[図2] は，正方形と，おうぎ形が重なった図です。
角(イ)の大きさを求めなさい。

(3)　[図3] は，中心を結ぶと 1辺 8cm の正方形になるように4つの円をくっつけた図形です。円周率を 3.14 として，斜線部分の面積を求めなさい。

(4)　[図4] は，円と正方形がくっついた図形です。円の半径は 10cm です。円周率を 3.14 として，斜線部分の合計の面積を求めなさい。

| | | |
|---|---|---|
| 答え | (1) | 度 |
| | (2) | 度 |
| | (3) | $cm^2$ |
| | (4) | $cm^2$ |

[図1]

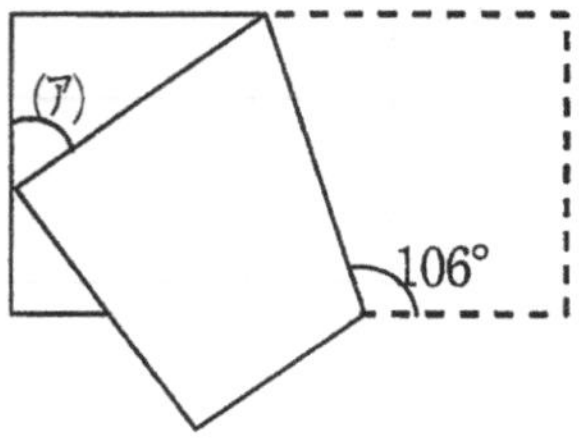


[図2]

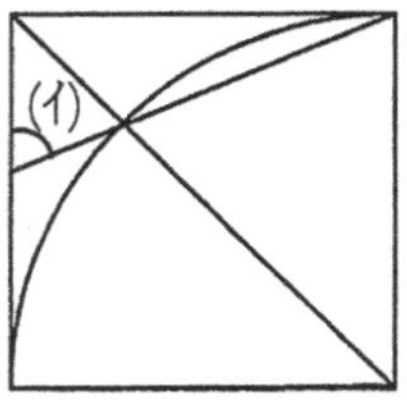


[図3]

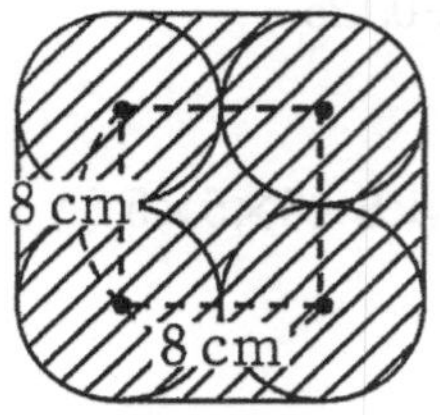


[図4]

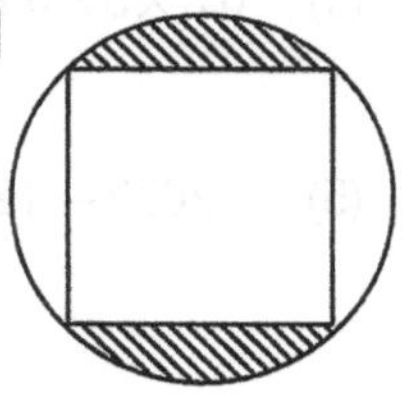

５．下の図で，四角形ABCDは面積が $60cm^2$ の平行四辺形です。
EA：AB=1：2，AF：FG：GD=1：2：2　のとき
次の問いに答えなさい。

(1)　比　AF：BJ　を求めなさい。

(2)　比　BJ：JC　を求めなさい。

(3)　三角形GDH の面積を求めなさい。

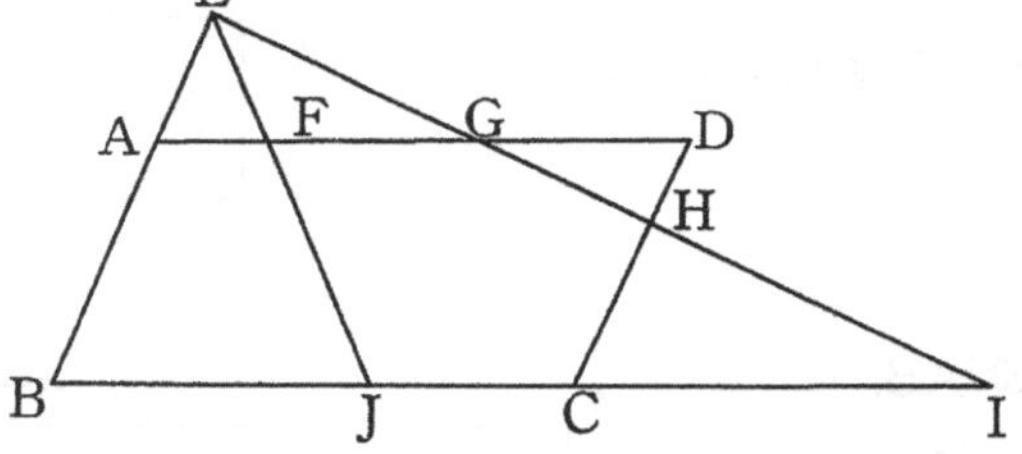


| | | |
|---|---|---|
| 答え | (1) | AF：BJ ＝　　： |
| | (2) | BJ：JC ＝　　： |
| | (3) | $cm^2$ |

６．右の図は 1辺が 6cm の立方体です。次の問いに答えなさい。

(1)　右の立方体を [図1] のように 3点A,C,Fを通る平面と，辺AEのまん中の点Mを通り，底面に平行な平面で切り分けたとき，頂点Bを含む方の立体の体積を求めなさい。

(2)　右の立方体を3点A,C,Fを通る平面と，3点B,D,Eを通る平面で切り分けたとき，一番大きな立体の体積を求めなさい。

(3)　(2) の一番大きな立体を，もとの立方体のAB,EF,HG,DC のまん中の点を通る平面で切ったときの切り口の面積を求めなさい。

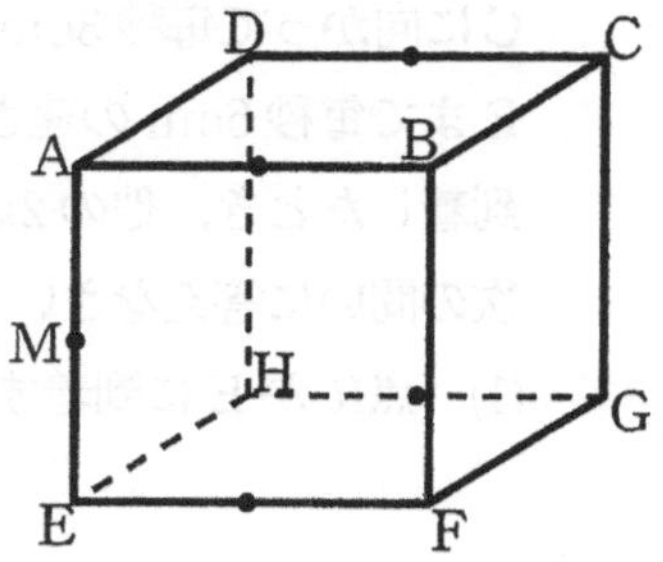


[図1]

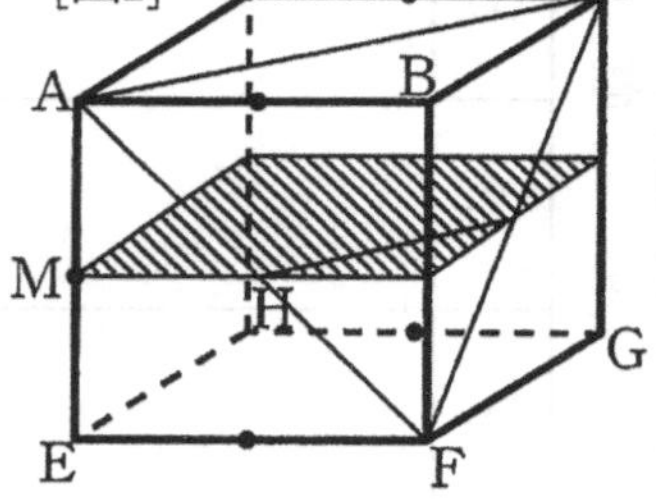


| | | |
|---|---|---|
| 答え | (1) | $cm^3$ |
| | (2) | $cm^3$ |
| | (3) | $cm^2$ |

受験番号

# 令和五年度徳島文理中学校前期入学試験問題

## 第一限　国語　（その五）

※100点満点
（配点非公表）

解答欄

一

問一
㋐
㋑
㋒
㋓
㋔

問二

問三

問四

問五

問六

問七

問八

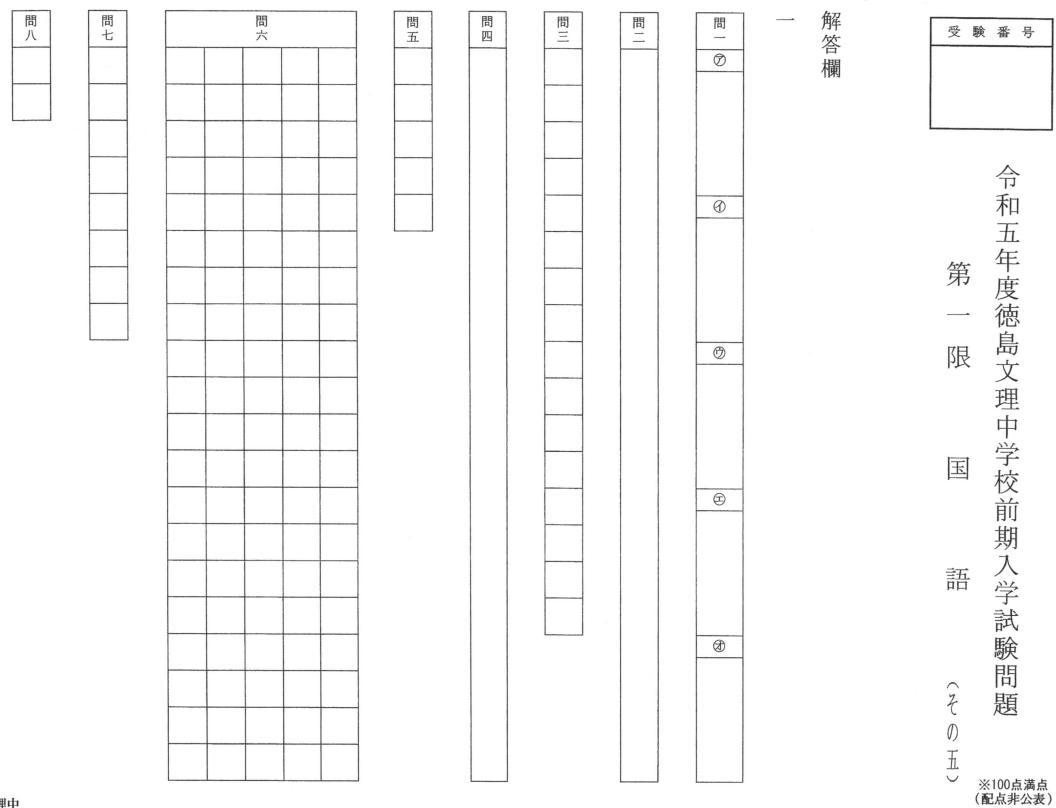

受験番号

# 令和五年度徳島文理中学校前期入学試験問題

第一限　国語　（その六）

解答欄

二

問一
㋐
㋑
㋒（える）
㋓
㋔

問二

問三
A
B

問四

問五
X
Y

問六

問七

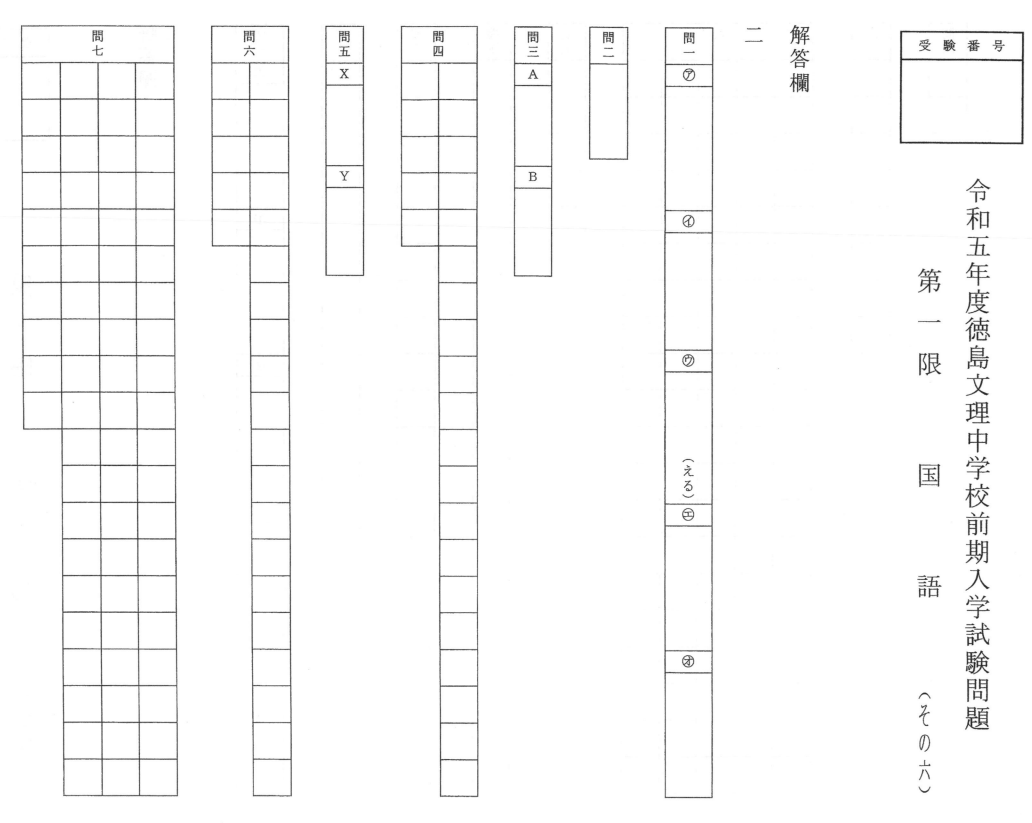

受験番号

# 令和四年度徳島文理中学校前期入学試験問題

## 第一限　国語　(60分)　（その一）

注意　解答欄《かいとうらん》は問題用紙の（その六）・（その七）にあります。

一　次の文章を読んで、後の問いに答えなさい。

お詫び
著作権上の都合により、文章は掲載しておりません。
ご不便をおかけし、誠に申し訳ございません。
教英出版

お詫び
著作権上の都合により、文章は掲載しておりません。
ご不便をおかけし、誠に申し訳ございません。
教英出版

# 令和四年度徳島文理中学校前期入学試験問題

## 第一限　国　語　（その二）

| 受験番号 |
| --- |
| |



（藤巻《ふじまき》亮太《りょうた》「言葉に揺られ移ろいながら」）

※　刹那……きわめて短い時間。
※　プロセス……過程。

問一　波線部㋐～㋔のうち、漢字は読みを記し、カタカナは漢字に改めなさい。

㋐　オサ（まって）　㋑　センデン　㋒　生真面目　㋓　試（み）　㋔　セイシンセイイ

問二　傍線部《ぼうせんぶ》①「言葉はもう一つの方法でも生まれてきたのかもしれません」について、次の（ⅰ）・（ⅱ）の問いに答えなさい。

（ⅰ）「もう一つの方法」で生まれた言葉はどのような言葉か、本文中から十字以内で抜き出しなさい。（句読点、符号なども字数に数えます。以下同じ。）

（ⅱ）一つ目の方法で生まれた言葉はどのような言葉か、本文中から十字以内で抜き出しなさい。

問三　傍線部②「絶えず感情は言葉をはみ出していきます」とあるが、それはなぜか。次のア～エの中から当てはまるものを一つ選び、記号で答えなさい。

ア　言葉を発した本人と、それを聞いた他の者とで、感情を表す言葉の解釈が異なるから。
イ　価値観の変化によって言葉には、はやりすたりがありそれに感情が追いつかないから。
ウ　瞬《またた》く間に移り変わる人の内面の複雑さ一つ一つに、言葉をあてはめるのは困難だから。
エ　感情とは、言葉ではなく、あらゆる複雑な身体的動作によって表現できるものだから。

問四　傍線部③「悩みながら」とあるが、なぜ筆者は悩んだか。理由を説明しなさい。

問五　傍線部④「大切なのは必ずしも音楽自体を説明する必要はない」とあるが、筆者はなぜこのように考えるようになったのか。筆者の体験をもとに答えなさい。

問六　傍線部⑤「曲をつくり詩を描く私をどこかへ運んでくれる」とあるが、「私をどこかへ運んでくれる」とはどういうことか。説明しなさい。

| 受験番号 |
| --- |
| |

# 令和四年度徳島文理中学校前期入学試験問題

## 第一限　国語　（その二）

二　次の文章を読んで、後の問いに答えなさい。

そもそも、私が三田村くんに数学を教える仕事に就いたのは、十二月に入ってすぐのことだった。

三者面談三日目の放課後。三田村くんからオファーがあった。

「オレに数学を教えてくれないか」

本館校舎と特別教室棟《とう》をつなぐ渡《わた》り廊下《ろうか》に私を引っ張っていった三田村くんは、①めずらしく真顔だった。

クラスメイトとうっすら隔《へだ》たって生きてきた私とて、目立つ生徒のことくらいは一応知っている。三田村くんは笑顔が「素」と言われるくらい、いつだって笑いを振《ふ》りまく存在で、女子にもかなり人気があるけれど、体育実技をのぞく成績のほうはさっぱりで、でもそんなところがまた愛されていたりする。それが、私が知る三田村くんだった。

「オレ、行きたい高校があるんだ。そこ、公立だけど陸上部はけっこう有名でさ。でも、いまのオレの成績じゃ、ほとんど無理っぽい。だから、頼《たの》む。オレに数学を教えてくれ。な、頼むよ、綿森。とにかく数学をなんとかしなきゃ、話になんないんだ」

「なんで？」

ほんとうは「②なんで、私に頼むの？」とたずねたかったのだけれど、学校で人と口を利くことに㋐ナれていない私の声は、「なんで」のところですでによれてしまって、あとがつづかなかった。

こういった、いざというときの㋑タイオウのまずさが、「綿森さんって㋒無愛想」とか「ちょっと怖《こわ》くない？」という㋓フウヒョウにつながってしまうのだ、とわかっている。が、㋔場数を踏《ふ》めないのだから練習のしようがなく、成長は望むべくもない。

だけど、三田村くんは私のことばの足りなさを気にすることもなく、私が求めていた答えをあっさりと口にした。

「綿森が、クラスでいちばん無駄《むだ》なく、サクサク教えてくれそうだから」

その目があまりにまっすぐで、伝わってくるものがいっぱいありすぎて、気がついたら私はうなずいていた―というと、ちょっとうそになる。いや、かなりうそだし、それじゃあ少女マンガだ。

私は自慢《じまん》じゃないが、「ひとり好き」というＩＤしか持たない女子中学生だ。

もちろん好きで手に入れたわけではなく、いつの間にか―たぶん、休み時間になると机に頬《ほお》づえをついて、つまらなさそうな顔で窓の外をながめたりしているうちに、「ひとり好き」という部類に入れられていた。

もうすこし過去にさかのぼって語るなら、私は小さいときからほかの人より、すこしばかりマイペースだったのだと思う。

幼稚園《ようちえん》のころは、空を流れる雲ばかり見ていて、親や先生を心配させた。

小学生になると、レトロなつくりの学校に通っていたせいで、校舎のあちこちを見てまわることに熱中してしまった。

黒光りする階段の手すりや、見たことがないほど小さなタイルが敷《し》きつめられた手洗い場。講堂の、色ガラスがはめこまれた天窓と、そこから射しこむカラフルな光。

そういったものを飽《あ》かずながめてすごした。

そんなある日、［Ａ］まわりを見まわして、ひとりでトイレに行っているのは私だけじゃないか、と気づいた。クラスの多くの子が知っていた愛美ちゃんの誕生日を知らないのも、女子では私だけだった。

ひとりで好きなことに浸《ひた》っているうちに、完璧《かんぺき》にスタートを失敗していた。いわゆる小学校デビューをしくじっていたのだ。

学年が上がっても、クラス替《が》えがあっても、なんとなく同級生に近づけない、という感覚は消えなかった。［Ｂ］、からだが大きくなるにつれ、その感覚も強まっていった。それでも卒業式はやってきて、中学生になる日もやってきた。

| 受験番号 |
| --- |
| |

# 令和四年度徳島文理中学校前期入学試験問題

## 第一限　国語　（その四）

きゃんきゃんと、殺気立つまでににぎやかな一年B組の教室にはめこまれた日。

すこしくらいわらわれても、どこかのグループにもぐりこもう、と心に決めた。中学校デビューを狙《ねら》ったのだ。

ところが、中身とちがって外見が老成しすぎていたせいか、必死の形相で接近してしまったからか、磁石のS極とS極を近づけたときのような感触《かんしょく》でかわされまくることとなる。部活でもすれば、と思いついたのは一学期も終わりかけのころで、そのころには「新入生ウェルカム」の空気など、［C］どこにもなかった。

こうして、中学校デビューをもしくじった私に与《あた》えられたのが、「ひとり好き」だった。もう雲にも手洗い場にも、なんの興味もなかったというのに。

それでも、なんだかんだと学校行事をやりすごしているうちに、二年生の二学期もあと一か月、になっていた。ここまで来たら、もういいや、だ。

③こうなってしまったのは、もしかしたら小さいころのマイペースはまったく関係なくて、単に引っ込《こ》み思案だったからなのかもしれない。そのあたりを修正して、高校デビューこそしくじるまい。

なんてことをつらつらと、頬づえをついて遠い目をしながら考えるのも、かなり板についてしまっていた。

三田村くんが私に声をかけてきたのは、そんなときだった。

月、水、金の昼休み。

給食をなるべく早くすませて、理科準備室に集合。

勉強するのは数学。でも、テスト前はその限りではない。

とりあえず、契約期間は二年生のあいだ。

それが、十二月に私と三田村くんが交わした契約だった。

「でも悪いけど、勉強教えてもらっても、お礼に金とか払《はら》うのは無理。だから、コロッケで勘弁《かんべん》して。オレがいるときなら、うちのコロッケ、好きなだけ食っていいからさ。あ、もちろんメンチでもオーケーね」

そう言うと、三田村くんは両手をあわせて私を拝んだ。

「な、それでなんとか［X］を打ってくれないか」

「うちのコロッケって？」

「あ、うち、肉屋なの。知らなかった？　えーっ、知っててくれよ。駅の改札出て、右に曲がってちょっと行ったとこにある『肉のミタムラ』って店。手づくりコロッケなんかも売ってんだ。揚《あ》げたてのキャベツメンチなんて絶品だぜ。汚《きたな》い店だけど、モノはまちがいないからさ」

コロッケやメンチカツに惹《ひ》かれたわけじゃない。

「内海《うつみ》は頭はよくても、他人のために自分の時間は使わないやつだろ。久野は、図書委員で昼休みはいないことが多いから頼めない。横山はいいやつだけど、ていねいすぎてイマイチ要領悪そうだし、名越《なごし》なんて怖くて声かけられないし。健二に頼むのは悔しい。ありえない。絶対に途中でケンカになる。それから――」

人選の経過を説明してくれる三田村くんを、私は茫然《ぼうぜん》とみつめていた。

彼《かれ》の分析《ぶんせき》は私でさえ、なるほど、と思うものだった。きっと、クラスのだれもが「そう、そう」と言うにちがいなかった。

たしかに、名越美可子なんてまったくもってありえない。

| 受験番号 |
| --- |
| |

# 令和四年度徳島文理中学校前期入学試験問題（その五）

## 第一限　国　語

ということは――

さっき三田村くんが口にした「私を選んだ理由」は、だれもが納得するものだってことなのか。

いちばん無駄なく、サクサク教えてくれそう。

④なんだか、ちょっとよかった。

それだけの理由だった。私が三田村くんの申し出にうなずいたのは。

（香《こう》坂《さか》直《なお》「二月のプランクトン」『ストロベリー・ブルー』所収ＫＡＤＯＫＡＷＡ）

問一　波線部㋐～㋔のうち、漢字は読みを記し、カタカナは漢字に改めなさい。

㋐ ナ（れて）　㋑ タイオウ　㋒ 無愛想　㋓ フウヒョウ　㋔ 場数

問二　本文中の［A］～［C］に入る適当な言葉を、次のア～オの中から一つずつ選び、それぞれ記号で答えなさい。（ただし、同じ記号を繰り返し用いてはなりません。）

ア ぜひ　イ もう　ウ ふと　エ むしろ　オ すでに

問三　傍線部①「めずらしく真顔だった」とあるが、その理由を四十字以内で答えなさい。

問四　傍線部②「なんで、私に頼むの？」とあるが、「三田村くん」が「私」に頼んだ理由を本文中から三十字以内で抜き出し、最初と最後の五字を答えなさい。

問五　傍線部③「こうなってしまった」について、次の（ⅰ）・（ⅱ）の問いに答えなさい。

（ⅰ）「こうなってしまった」とはどのようなことか。三十字以内で説明しなさい。

（ⅱ）「私」が考えている、（ⅰ）のようなことになった理由として、適当ではないものを次のア～エの中から一つ選び、記号で答えなさい。

ア「私」の見た目が大人びていたため。

イ「私」が必死に皆に接近をしたため。

ウ「私」は引っ込み思案であったため。

エ「私」に皆が悪口を言ってきたため。

問六　［X］に入る漢字一文字を答えなさい。

問七　傍線部④「なんだか、ちょっとよかった」とあるが、「私」は何がよかったと考えているのか。適当ではないものを次のア～エの中から一つ選び、記号で答えなさい。

ア　三田村くんの「私」に対する評価が、誰しもが納得するような内容だと考えられたこと。

イ「私」自身が気づけていなかった「私」の一面を三田村くんによって気づかされたこと。

ウ「私」の三田村くんへの思いが伝わり、これから仲良くやっていけそうだと思ったこと。

エ　三田村くんが、目立たない存在の「私」をよく見てくれていたことに気づかされたこと。

令和４年度　　　　　徳島文理中学校前期入学試験問題

| 受験番号 | |
|---|---|

## 第２限　算数　（その１）

※100点満点
（配点非公表）

（60分）

１．次の計算をしなさい。

(1) $\frac{4}{5} \div \left(\frac{2}{3} - \frac{2}{5}\right)$

(2) $0.125 - 0.5 \times \left(\frac{1}{2} - \frac{1}{3}\right)$

(3) $\frac{1}{6} + \frac{1}{12} + \frac{1}{20} + \frac{1}{30}$

(4) $13 \times 24 + 26 \times 12 + 39 \times 8 + 52 \times 6 + 78 \times 4$

(5) $\left(\frac{5}{8} - 0.75 \times 0.3\right) \div \left(0.75 - \frac{1}{3}\right)$

| 答え | | |
|---|---|---|
| | (1) | |
| | (2) | |
| | (3) | |
| | (4) | |
| | (5) | |

２．下のように，分母が2022，分子が１から2022までの2022個の分数があります。次の問いに答えなさい。

$\frac{1}{2022}$，$\frac{2}{2022}$，$\frac{3}{2022}$，……，$\frac{2021}{2022}$，$\frac{2022}{2022}$

(1) 2022を２以上の３つの整数のかけ算で表しなさい。□×□×□＝2022

(2) はじめの６個の中に，約分できないものはいくつありますか。

(3) 2022個の中に，約分できないものはいくつありますか。

| 答え | | |
|---|---|---|
| | (1) | □×□×□ |
| | (2) | 個 |
| | (3) | 個 |

３．Ｐ地点からＱ地点まで３ｋｍ離れているサイクリングコースがあります。Ａ君はＰ地点とＱ地点を自転車で往復します。Ｂ君とＣ君はＰ地点からＱ地点に向かって自転車で走ります。右の図は，その様子をグラフに表したものです。ただし，３人とも一定の速さで走るものとします。次の問いに答えなさい。

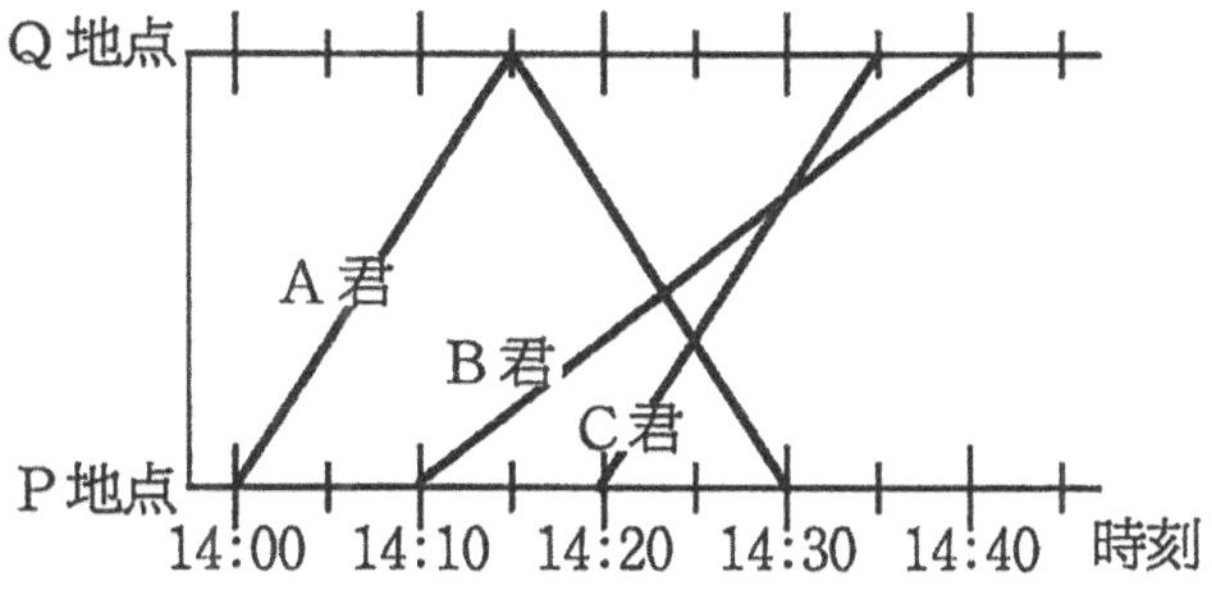


(1) Ａ君の速さは時速何ｋｍですか。

(2) Ｃ君がＢ君に追いつく地点はＰ地点から何ｋｍ離れていますか。

(3) Ｂ君とＣ君の間の距離とＣ君とＡ君の間の距離が等しくなるときがあります。その時刻は14時何分ですか。ただし，Ａ君とＢ君が同じ位置にいるときは除きます。

| 答え | | |
|---|---|---|
| | (1) | 時速　　　　ｋｍ |
| | (2) | ｋｍ |
| | (3) | 14　時　　　分 |

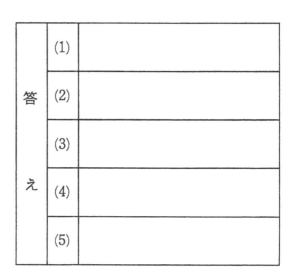

| 受験番号 | |
|---|---|

# 第２限　算数　（その2）

４．(1)　[図1] は，平行四辺形ABCDで，ＭとＮはそれぞれ辺AB と辺CD のまん中の点です。斜線部分の合計の面積を求めなさい。

(2)　[図2] は，正方形とおうぎ形の重なった図形です。斜線部分の面積を求めなさい。ただし，円周率を 3.14 として計算しなさい。

(3)　[図3] は，正方形ABCD でAB＝AE です。(ア)の角度を求めなさい。

| 答え | | |
|---|---|---|
| | (1) | $cm^2$ |
| | (2) | $cm^2$ |
| | (3) | 度 |

[図1]

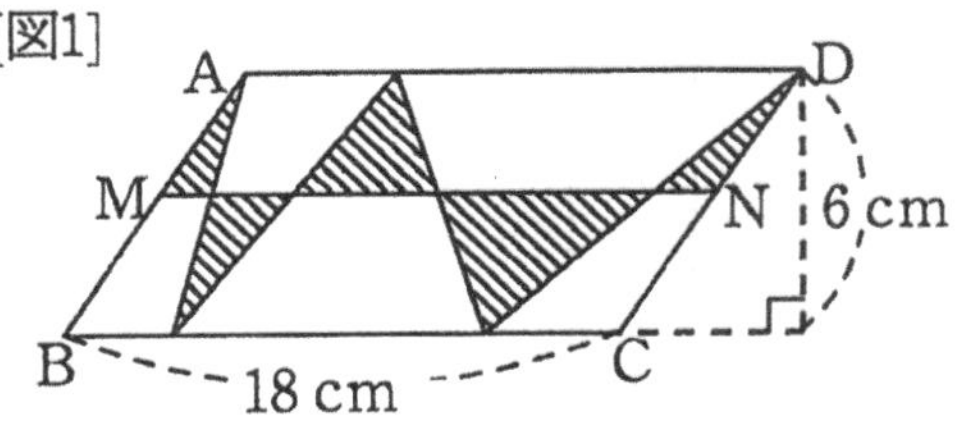


[図2]

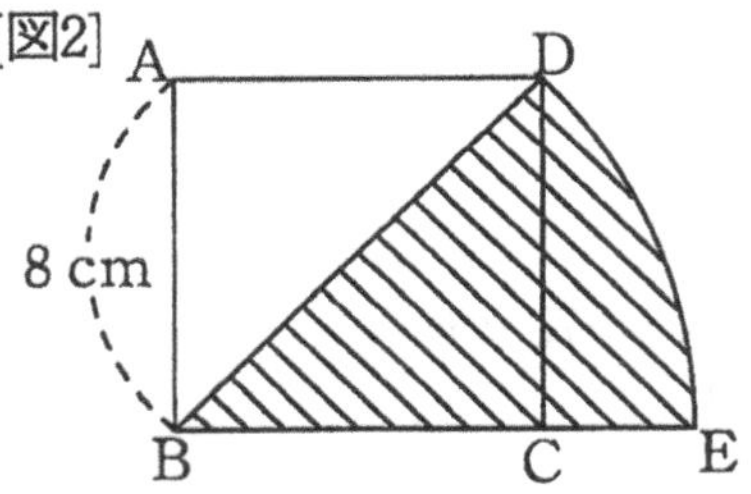


[図3]

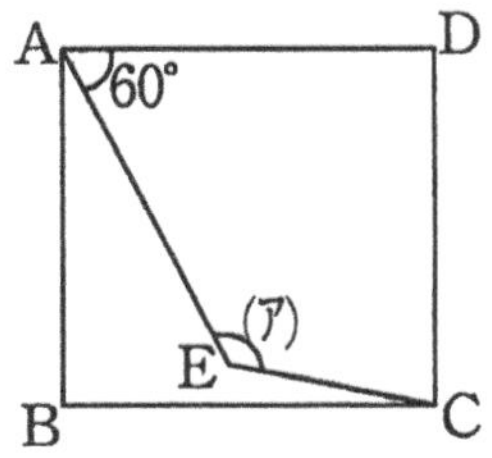


５．図において，点C は辺BD を１：２の比に分ける点で，点E は辺AC を３：２の比に分ける点です。このとき，次の問いに答えなさい。

(1)　三角形BCEと三角形DCEの面積の比を求めなさい。

(2)　三角形BCEと三角形BEAの面積の比を求めなさい。

(3)　三角形ABCと三角形CDEの面積の比を求めなさい。

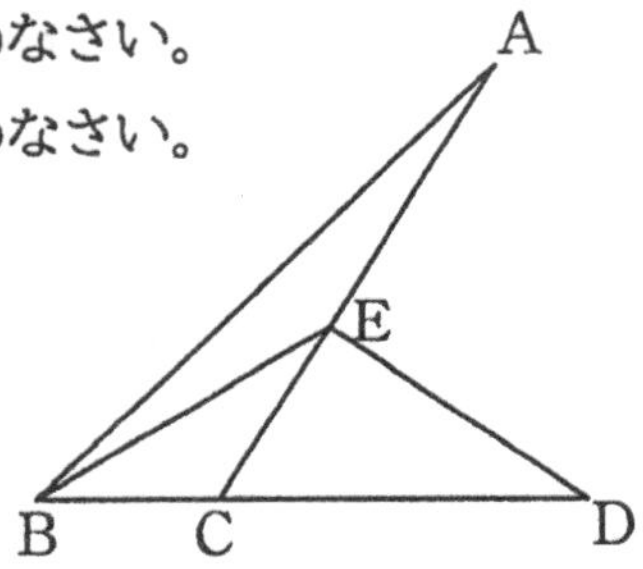


| 答え | | |
|---|---|---|
| | (1) | 三角形BCE：三角形DCE<br>＝　　　： |
| | (2) | 三角形BCE：三角形BEA<br>＝　　　： |
| | (3) | 三角形ABC：三角形CDE<br>＝　　　： |

６．　[図1] は１辺の長さが ６ｃｍの立方体で，[図2] はその展開図です。また，点Ｐ，Ｑは図のそれぞれの辺のまん中の点です。次の問いに答えなさい。

[図1]

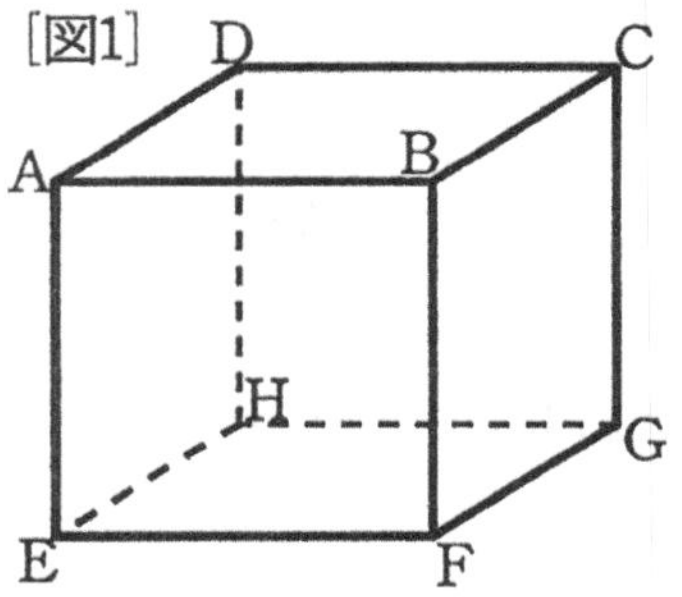


[図2]

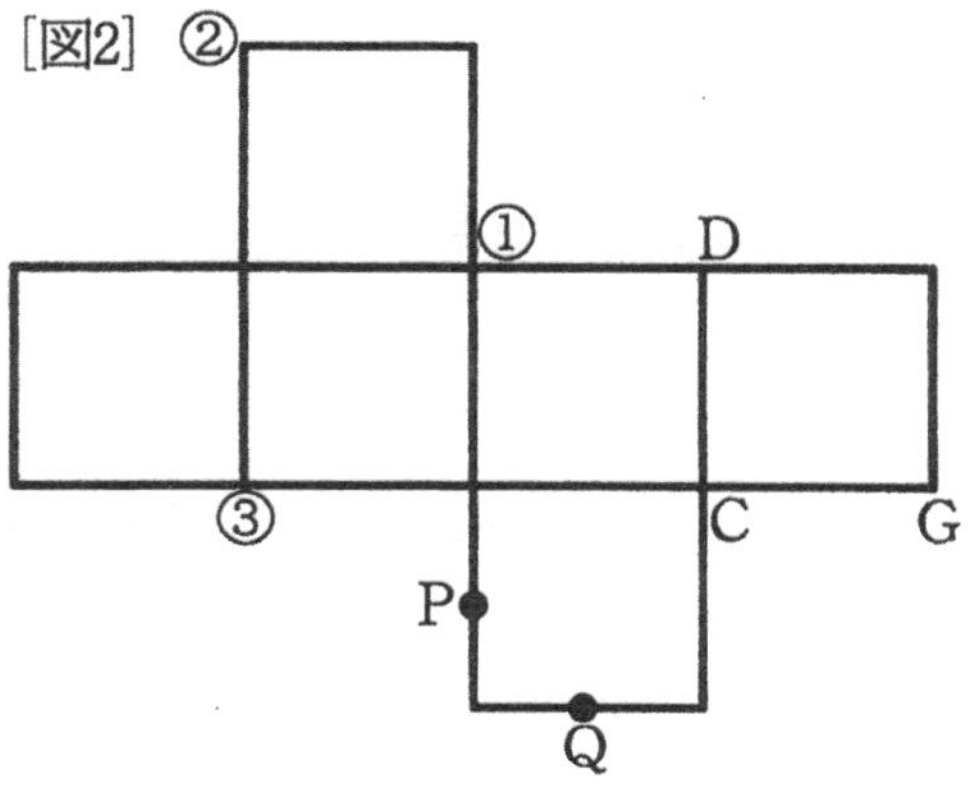


(1)　①，②，③の点は，[図1] の立方体のどの頂点となりますか。A～Hで答えなさい。

(2)　[図2] の展開図の点Ｐ，Ｑと①を通る平面で[図1] の立方体ＡＢＣＤ－ＥＦＧＨを切るとき，その切り口は何角形になりますか。

(3)　(2) で切り分けた２つの立体のうち，小さい方の立体の体積を求めなさい。

| 答え | | | | | | | |
|---|---|---|---|---|---|---|---|
| | (1) | ① | | ② | | ③ | |
| | (2) | 角形 | | | | | |
| | (3) | $cm^3$ | | | | | |

受験番号

# 令和四年度徳島文理中学校前期入学試験問題

第一限　国語（その六）

※100点満点
（配点非公表）

解答欄

一

問一
㋐（まって）
㋑
㋒
㋓（み）
㋔

問二
i
ii

問三

問四

問五

問六

受験番号

# 令和四年度徳島文理中学校前期入学試験問題

第一限　国語　（その七）

## 解答欄

二

問一
㋐ （れて）
㋑
㋒
㋓
㋔

問二
A
B
C

問三

問四
〜

問五
i
ii

問六

問七

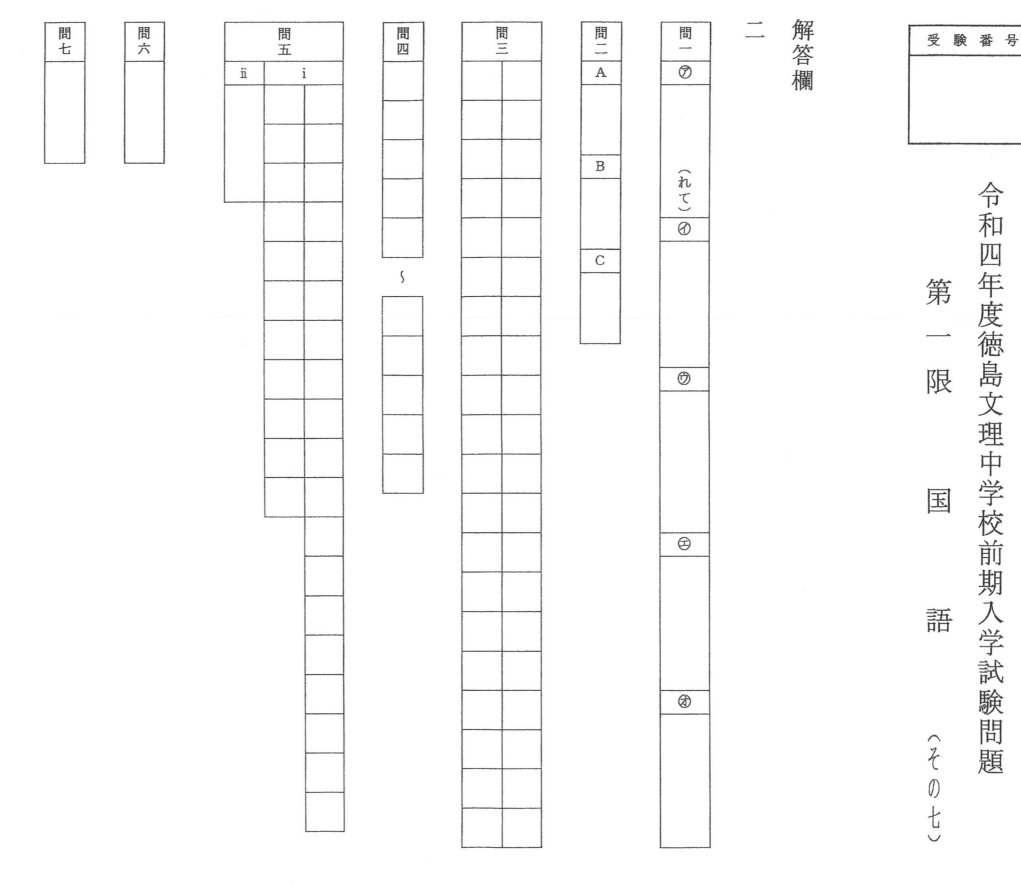

| 受験番号 |
| --- |
| |

# 令和三年度徳島文理中学校前期入学試験問題（その一）

## 第一限　国語（60分）

注意　解答欄《かいとうらん》は問題用紙の（その七）・（その八）にあります。

一　次の文章を読んで、後の問いに答えなさい。（ただし、問題の都合上《つごう》、一部改変したところがあります。）

われわれは風景や花にふれて美しいと感じる。音楽を聞いたり、絵や彫刻《ちょうこく》を見たりしても美しさを感じる。自然のものであれ、人間の手の加わったものであれ、われわれはごく自然に美しいという感情を抱《いだ》く。

同時に人間はみずから美しさを求め、つくりだそうとする。絵を描《えが》いたり、彫刻を彫《ほ》ったりするだけではなく、着るものを選んだり、花を飾《かざ》ったりというふうに、美しいものをすすんで生活にとりいれようとする。

人間はいつごろから美しさを意識するようになったのだろう。

南アフリカの洞窟《どうくつ》からは、幾何学《きかがく》模様の㋐キザまれた七万五千年前の赤鉄鋼《せきてっこう》のかたまりが見つかっている。同じ洞窟からは、首飾りとして使われたらしい穴のあいた巻き貝の殻《から》も見つかっている。そんな大昔から、人間には、生きるうえで、美しさというものを求めずにはいられない本能的な衝動《しょうどう》が備わっていた。

[A]、なにを美しいと感じるかは、民族や地域や文化によっても、ずいぶんちがう。ぼくは一九九〇年代に八年ほどエジプトのカイロで暮らしたことがある。暮らしはじめるにあたって、アパートを探したり、生活に必要な㋑ニチヨウヒンをそろえたりした。そのたびに違和感《いわかん》をおぼえたのは、①エジプトと日本の美的センスのちがいだった。

[B]、アパートの㋒ナイソウ――。

外国人が借りるのは、ほとんどが家具付きのアパートだ。しかし、せっかく間取《まど》りや場所は気に入っても、置いてある家具になかなかなじめない。ヴェルサイユ宮殿《きゅうでん》からもってきたかのような猫足《ねこあし》のテーブル、パーティー会場のようなシャンデリア、金色に塗《ぬ》られた派手な枠《わく》付きの㋓カガミ。ピンクに金の花柄《はながら》をあしらったベッドなど、㋔イヨウなゴージャス感にあふれているのだ。

電化製品もそうだった。扇風機《せんぷうき》を買いに電気屋に行くと、店に並んでいる扇風機の羽の大半が金色である。ただでさえ暑いのに、金色の羽で送られてくる風なんて、いっそう暑苦しそうである。

妻が靴《くつ》を買いに行っても、シンプルな黒のパンプスがない。金色のラインが何本も入っていたり、金ぴかのチョウチョの飾りがくっついていたりする。それがなければいいのにと彼女《かのじょ》はいうのだが、エジプトの人にとっては、この金ぴかの飾りこそがチャームポイントなのである。

つまり、シックなもの、シンプルなものというのは、ここでは趣味《しゅみ》のよいものとは見なされない。金づくしプラス、ヴェルサイユ宮殿風のロココ趣味、それがエジプトでは美の条件と見られていたのだ。さすが、ツタンカーメンの黄金のマスクの国だけある。国や文化が変われば、美的感覚は大きく異なるものだなあと感心したものだった。

[C]、それから三、四年ほどたったころだ。②店で見かける電化製品や家具などの趣味が、明らかに変わってきたことに気づいた。

たとえば、数年前にはなかなか見つからなかった黒いシンプルな靴が目につくようになった。扇風機の羽も金色から、涼《すず》しげな色のものが増えてきた。女性たちの化粧《けしょう》も変化した。以前はエジプトで口紅といえば、たいていショッキングピンクか派手な赤だったのが、シックなブラウン系の口紅をつけた女性を見かけるようになった。それでも日本と比べれば十分、派手でゴージャスなのだが、以前と比べると違和感は明らかに減った。

いえることは二つある。一つは、さっきもいったように、なにを美しいと感じるかは文化や地域によって、さまざまだということ。もう一つは、③その感覚は絶対的なものではなくて、時代とともに、あるいは何かのきっかけがあれば「変わる」ということだ。

# 令和三年度徳島文理中学校前期入学試験問題

## 第一限　国語　（その二）

| 受験番号 |
| --- |
| |

ただ、気になることもある。それはエジプトでも感じたように、美意識のちがいによる違和感が、世界的にだんだん薄《うす》れてきていることだ。

Ⅹ

㋐　しかし、エジプト人も、あるいはほかの国の人たちも、同じように「金色の羽は、ちょっと……」と感じるようになることが、本当にいいことなのだろうか。

㋑　むしろ「金色の羽はやっぱり美しい」と感じたり、あるいは「いや、扇風機の羽は赤にかぎる」「いや、緑だ」といった、さまざまな美意識があっていいのではないだろうか。

㋒　エジプトにいながら、シンプルな黒い靴や、涼しげな柄《がら》の扇風機が手に入るのは、そこで生活していたぼくたちにとっては歓迎すべきことだった。

㋓　けれども、それは逆にいえば、金色の扇風機の羽を美しいと感じる感覚がエジプトから失われることを意味する。日本人からすれば、「金色の羽は、ちょっと……」というのは平均的な感じ方だろう。

現在は※グローバリズムの浸透《しんとう》やテレビやネットなどの情報メディアの普及《ふきゅう》によって、世界中の価値観が徐々《じょじょ》に似通ってきているように思う。先進国で美しいとされるものが、異なる文化や歴史を持つ国であっても美しいとされるようになってきているのである。

たとえば、ミス・ユニバースなどの美人コンテストで選ばれる「世界一の美女」というのは、明らかに欧米《おうべい》の美意識を基準に選ばれている。同様にシックなものやシンプルなものがいいというのも、欧米文化の中で、たまたま現在はそういう価値観が受け入れられているということである。しかし、その価値観だけが支配的になってしまうことは、そうでない見方を否定し、劣《おと》ったものと見なしてしまうような暴力にも結びつきかねない。

美しさとはさまざまであり、しかも、それは変化する。こわいのは、そのダイナミックな感覚が失われ、ある特定のものだけを美しいと見なすような、こわばった見方に陥《おちい》ってしまうことだ。あるいはその逆に、美しさはさまざまだからといって、自分の感じる美しさの中にとどまりつづけることは、かえって世界の美しさを見落とすことにもなりかねない。

（田中真知『美しいをさがす旅にでよう』）

※グローバリズム……ここでは「先進国化」を指す。

| 受験番号 |
| --- |
| |

# 令和三年度徳島文理中学校前期入学試験問題

## 第一限　国　語　（その三）

問一　波線部㋐～㋔のカタカナを漢字に改めなさい。

㋐　キザ（まれた）　㋑　ニチヨウヒン　㋒　ナイソウ　㋓　カガミ　㋔　イヨウ

問二　本文中の A ～ C に入る適当な言葉を、次のア～オの中から一つずつ選び、それぞれ記号で答えなさい。ただし、同じ記号を繰り返し用いてはなりません。

ア　ところで　イ　たとえば　ウ　しかも　エ　なぜなら　オ　ところが

問三　傍線部①「エジプトと日本の美的センスのちがい」とあるが、どういうことか、六十字以内で説明しなさい。（句読点は字数に含む。以下同じ。）

問四　傍線部②「店で見かける電化製品や家具などの趣味が、明らかに変わってきたことに気づいた」とあるが、扇風機はどう変わってきているのか、三十五字～四十字で説明しなさい。

問五　傍線部③「時代とともに、あるいは何かのきっかけがあれば『変わる』」とあるが、ここでは筆者は、何をきっかけとして美的感覚は変わっていると考えているのか、本文中から書き抜きなさい。

問六　本文中の X の中の㋐㋑㋒㋓は、もとの文章と順番が入れ替《か》わっています。もとの順序に並べかえなさい。

問七　太線部「その感覚は絶対的なものではなく」とあるが、特定の美的感覚だけが世界に浸透していくことに筆者は危機感を抱いています。その危機感とはどのようなことか、本文中の言葉を用いて答えなさい。

# 令和三年度徳島文理中学校前期入学試験問題

## 第一限　国語（その四）

二　次の文章を読んで、後の問いに答えなさい。（ただし、問題の都合《つごう》上、一部改変したところがあります。）

今のところ僕《ぼく》の手元にある、かわいそうなことリスト、のトップに挙げられているのはシロナガスクジラだ。その子とは社会科見学の時に行った自然史博物館で出会った。地面には置き場所がないから、まあ許してくれたまえ、とでもいう感じで天《てん》井《じょう》から吊《つる》され、宙に浮《う》いていた。しかも全身、骨だった。

「シロナガスクジラは地球上で最も大きな動物です。過去に絶滅《ぜつめつ》したすべての動物を合わせても一番です。ここに展示している骨格標本は体長三十メートル、体重は百七十トンあります。食べ物はオキアミです。ニューファンドランド島の海岸に打ち上げられているところを発見されました」

博物館の人が説明してくれている間中ずっと、クラスの皆《みんな》は「でか」「でかすぎ」「ありえない」とざわざわお喋《しゃべ》りし、先生がいくら注意しても聞かなかった。

僕は黙《だま》って骨を見上げ、心の中でつぶやいた。

①「もう分かったよ。それ以上言うな。この子だって自分が大きいことくらい、よく分かってるよ」

だから本来ならばこの言葉を使いたくはないのだが、確かにシロナガスクジラは、大きかった。他に表現の㋐仕様が思いつかなかった。

骨はちょうどいい具合に焼けたクッキーのような色をしていた。長持ちさせるために薬でも塗ってあるのか、時間が経てば自然とそうなるものなのか、表面は滑《なめ》らかで、［A］して見えた。体長の四分の一くらいを占《し》める顎《あご》は、上下の骨が合わさって緩《ゆる》やかなカーブを描き、その付け根にある胸びれは人間の手とそっくりの形をし、あとは背骨がどこまでも長々と続くばかりだった。背骨を構成する骨たちは皆同じ形を持ちながら、先頭から最後尾《さいこうび》まで大きさが少しずつ小さくなっていた。何もかもすべてが左右対称《たいしょう》だった。大きすぎるせいで隅《すみ》の方には規則が行き届いていない、などといういい加減なことにはなっていなかった。どの骨もお㋑利口に自分の居場所を守っていた。

真下に立ち、どんなに目を見開いても、彼《かれ》（僕は勝手に男の子だと思い込《こ》んでいる。どこの骨でそこのところを見分けるのか、博物館の人は教えてくれなかった）のすべてを瞳《ひとみ》に映すのは不可能だった。頭に焦点《しょうてん》を合わせれば背骨が途切《とぎ》れ、尾《お》まで網羅《もうら》しようとすれば顎の先が視界から消えた。月でさえ丸ごと目に収まるのに、この子ははみ出してしまうのだった。

体長は十一階建てのビルに相当するとか、舌だけで象一頭分の重さがあるとか、博物館の人は相変わらず彼の巨大《きょだい》さを強調する話ばかりしていたが、②月より大きいという自分の発見の方に僕は心奪《うば》われていた。そんな体を持って生まれる人生がどんなものなのか、僕には想像もできなかった。大勢の友だちと一緒に［B］楽しんだり、逆に岩陰《いわかげ》に隠《かく》れてのんびり静かな時を過ごしたりする自由は与《あた》えられていない。これほどの存在感を持ちながら、小さな目の魚にとってはただの闇《やみ》でしかないという矛盾《むじゅん》を突きつけられている。自分の尾なのにそこは異国の地のように遠く、たとえ友だちになりたいと思った誰かがそこを舐《な》めて㋒合図を送ってくれたとしても、返事が届くのは待ちくたびれて皆が立ち去ったあとだ。本当ならセイウチでもシャチでも一発でやっつけられるのに、遠慮《えんりょ》して小さなオキアミしか食べない。自分で自分の体全体を見ようとしても自らの大きさに邪魔《じゃま》され、結局、自分がどんな生きものなのか知らないまま一生を終える。象やビルと比べられ、何かにつけ大きいの一言でくくられ、㋓挙句の果てには骨をさらされている。

# 令和三年度徳島文理中学校前期入学試験問題

## 第一限　国語　（その五）

| 受験番号 |
| --- |
| |

　もっと僕をいたたまれない気持ちにさせたのは、実物と同じ大きさで作られた心臓の模型だった。ゴム製のそれはくすんだ赤色をし、表面に凹凸《おうとつ》があり、言うまでもなく十分に大きかった。動脈と㋔静脈は人が悠々《ゆうゆう》すり抜《ぬ》けられるくらいの太さがあった。クラスメイトたちはピノキオにでもなった気分で心臓によじ登り、万歳《ばんざい》をしたり腹ばいになったりして次々血管を滑《すべ》り降りていった。僕は彼の心臓を遊び道具にすることなどとてもできず、尾びれの最後の骨の下にただ黙って立っていた。僕に気づいて声を掛《か》けてくる友だちは一人もいなかった。

　皆が潜《もぐ》り込むと、柔らかいゴムが［C］して、本当に心臓が動いているように見えた。ニューファンドランド島の海岸に打ち上げられ、人々から無遠慮に写真を撮《と》られたり棒で突《つ》かれたりしながら、それでも弱ってゆく体でどうにか最後の鼓動《こどう》を刻もうとしている心臓だった。

　そのあと③何を見学したのか、一つも覚えていない。本当はシロナガスクジラのそばにずっといたかったのだが、そんな勝手が許されるはずもなく、先生に促《うなが》されるまま列の最後にくっついて歩いた。でも心の中はあの子でいっぱいだった。目には入りきらないけれど、心の中には顎から尾まで全部が収まった。そのうえ吊された骨ではなく、海にいた時と同じ、肉も鰭《ひれ》も噴《ふん》気《き》孔《こう》もついた本当の姿に戻《もど》っていた。

☆地図も持たずに君は、尾びれを振《ふ》り上げ、背骨をしならせ、僕の中を泳いでゆく。きっと賢《かしこ》い君だけに見分けられる印があるのだろう。ちっとも迷ったりしない。小さな魚たちを驚《おどろ》かせないよう、動きはあくまでもゆったりしている。海流が君のすべすべした体を包んでいる。他の誰《だれ》も真似できない雄大《ゆうだい》な移動が為《な》されているとはとても信じられないくらいに、あたりは静けさで満たされている。

　もし神様が「順番に並んで」と号令をかけたら、一番に返事をして先頭に立たなければならないのは君だ。勇気あるものにしか務まらない役目だ。絶滅した動物たちを動員してもなお、君の代わりになれるものはいない。全世界を従え、月にも優る尊さを内に秘め、最も強い風を受けながら、たった一人耐《た》えている闘士《とうし》。それが君なんだ。

（小川洋子「かわいそうなこと」）

# 令和三年度徳島文理中学校前期入学試験問題

## 第一限　国語　（その六）

| 受験番号 |
| --- |
| |

問一　波線部㋐～㋔の漢字の読みを記しなさい。

㋐　仕様　　㋑　利口　　㋒　合図　　㋓　挙句　　㋔　静脈

問二　本文中の［A］～［C］に入る適当な言葉を、次のア～オの中から一つずつ選び、それぞれ記号で答えなさい。

ア　もごもご　　イ　せかせか　　ウ　わいわい　　エ　ひそひそ　　オ　てかてか

問三　傍線部①「もう分かったよ。それ以上言うな」とあるが「僕」が心中でこのような強い口調の言葉を発したのは「僕」のどんな気持ちによるものか。本文中から十字以内で書き抜きなさい。

問四　傍線部②「月より大きい」とあるが、「僕」は「シロナガスクジラ」の体だけではなく何が大きいと考えているのか。本文中より書き抜きなさい。

問五　傍線部③「何を見学したのか、一つも覚えていない」とあるが、それはなぜか。三十字以内で答えなさい。

問六　次の文章は、本文中の☆印がついている段落の文章の特徴とその表現効果について述べたものです。その文章中の空欄（ア）・（イ）に、互いに反対の意味になる漢字二字の語を書きなさい。また、空欄（ウ）にあてはまる本文中の語句を五字以内で書き抜きなさい。

＊　本文全体は（ア）形で書かれているが、この段落だけは（イ）形が使われている。そうすることによって、描かれている情景が（イ）の「僕」の（ウ）に生き生きと思い浮かべられていることが表現されている。

問七　太線部「かわいそうなこと」とあるが、「僕」にとっては「シロナガスクジラ」がどのような点で「かわいそう」だと思えるのか。四十五字以内で答えなさい。

問八　本文の内容に合うものを次のア～エの中から一つ選び、記号で答えなさい。

ア　「僕」はシロナガスクジラの体の巨大さに以前から興味があり、今回またさらに愛着を持った。

イ　「僕」はシロナガスクジラをはしゃいで見ているクラスメイトを見て、耐えられずに注意した。

ウ　「僕」はシロナガスクジラを「彼」と呼んでいるが、その性別を見分けることができなかった。

エ　「僕」はシロナガスクジラの体中に入り込んで、できることならば遊んで楽しんでみたかった。

令和３年度　　徳島文理中学校前期入学試験問題

| 受験番号 | |
|---|---|

# 第２限　算数　（その１）

※100点満点
（配点非公表）

(60分)

## １．次の計算をしなさい。

(1) $\left(\frac{3}{4}-\frac{2}{3}\right)\div\left(\frac{5}{6}-\frac{4}{5}\right)$

(2) $\left(\frac{9}{20}\div\frac{3}{5}-\frac{4}{7}\right)\times\left(\frac{1}{2}+\frac{1}{5}\right)$

(3) $1+3+5+7+9+11+13+15+17+19+21+23+25+27+29+31$

(4) $17\times18+34\times19+51\times20+68\times21$

(5) $0.2\div\frac{3}{5}+0.8\times\frac{5}{8}+\frac{5}{6}\times1.8-\frac{8}{15}\div0.4$

| | | |
|---|---|---|
| 答え | (1) | |
| | (2) | |
| | (3) | |
| | (4) | |
| | (5) | |

## ２．ある病院では，病室番号に４と９は使わないことにしている。この病院は３階建てで，１階には１０１号室，１０２号室，１０３号室，１０５号室，…１３７号室，１３８号室，１５０号室…というように３７室の病室があります。２階には２０１号室，２０２号室，２０３号室，２０５号室，……２７７号室が，３階には３０１号室，３０２号室，３０３号室，３０５号室，……というように病室があります。次の問いに答えなさい。

(1)　１階の最後の病室は何号室ですか。

(2)　２階は２７７号室までです。２階には病室は何室ありますか。

(3)　この病院には全部で１３８の病室があります。
３階の最後の病室は何号室ですか。

| | | |
|---|---|---|
| 答え | (1) | 号室 |
| | (2) | 室 |
| | (3) | 号室 |

## ３．文男くんと理子さんの兄弟が同時に家を出発して，1.8km先にある学校に向かいます。文男くんは途中のコンビニで4分間買い物をしましたが，それ以外は一定の速さで歩きました。理子さんは，途中止まることなく分速100mで歩きました。右のグラフは二人の時間と進んだ道のりの関係を表したものです。次の問いに答えなさい。

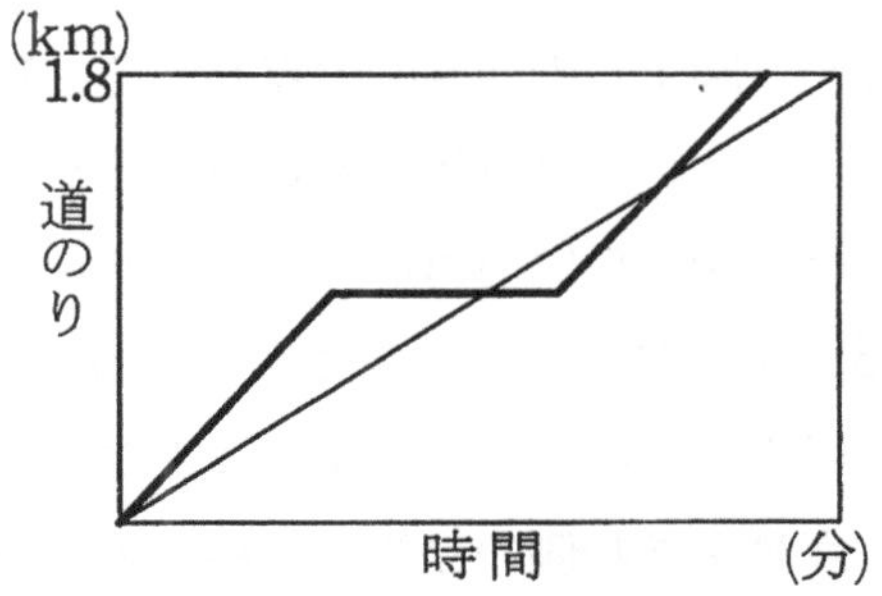


(1)　理子さんは学校まで何分かかりましたか。

(2)　文男くんが学校に着いたとき，理子さんは学校まであと200mのところにいました。文男くんの歩く速さは分速何mですか。

(3)　文男くんがコンビニについて3分後に理子さんがコンビニの前を通りました。家からコンビニまでの距離は何mですか。

| | | |
|---|---|---|
| 答え | (1) | 分 |
| | (2) | 分速　　　m |
| | (3) | m |

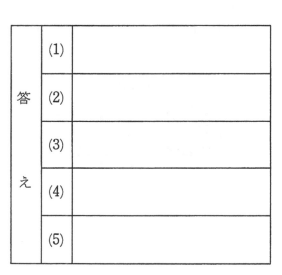

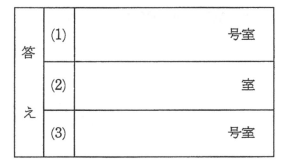

令和３年度　　　　徳島文理中学校前期入学試験問題

| 受験番号 | |
|---|---|

## 第２限　算数　（その2）

4．(1)は，長方形の中の斜線部分の面積を求めなさい。(2)は，長方形とおうぎ形の重なった図形です。斜線部分(あ)の面積から斜線部分(い)の面積を引いたものを求めなさい。(3)は，四角形の各頂点に半径２ｃｍの円の中心を置いたものです。4つの斜線の部分の合計の面積を求めなさい。(2),(3)は，円周率を 3.14 として計算して下さい。

(1)

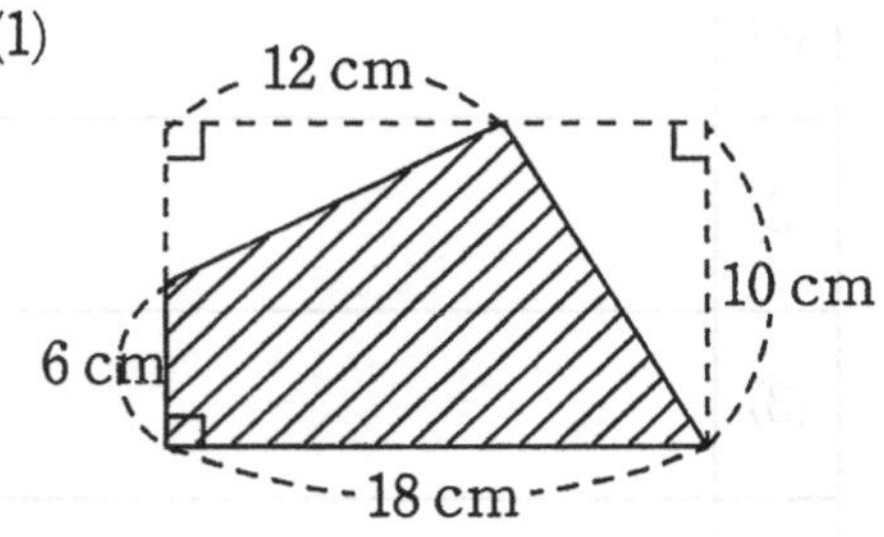


(2)

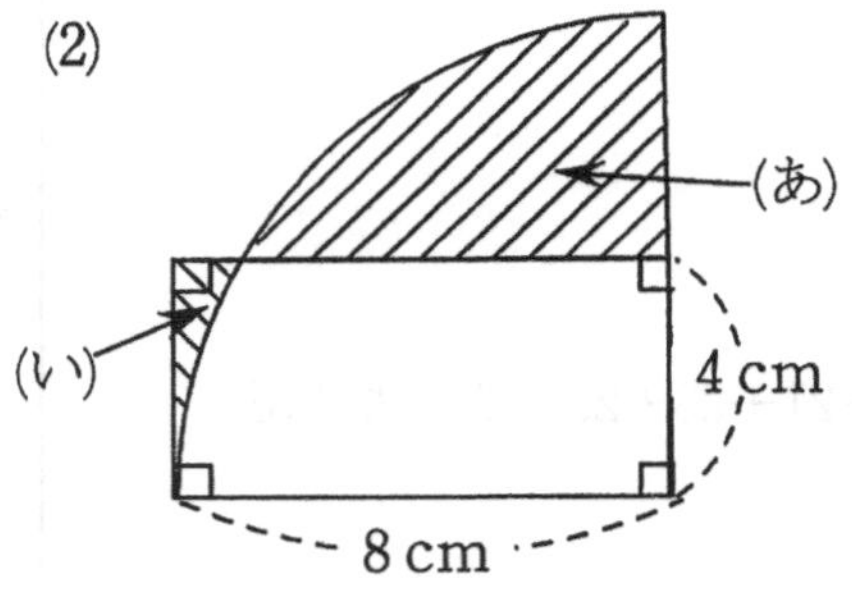


(3)

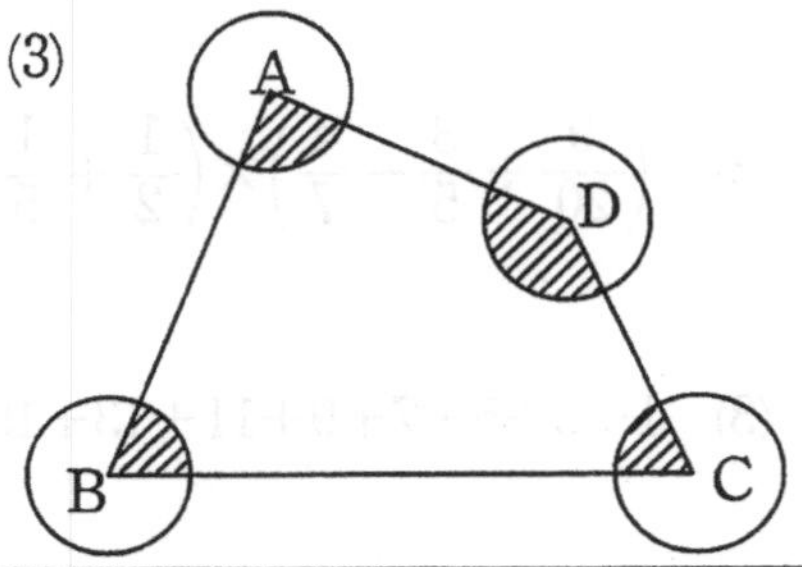


| 答え | | |
|---|---|---|
| | (1) | $cm^2$ |
| | (2) | $cm^2$ |
| | (3) | $cm^2$ |

5．図において，Ｅは辺ABを１：２の比に分ける点で，四角形ABCDはADとBCが平行の台形です。
このとき，次の問いに答えなさい。

(1)　BFの長さを求めなさい。

(2)　DH：BH を求めなさい。

(3)　AG：GH：HCを求めなさい。

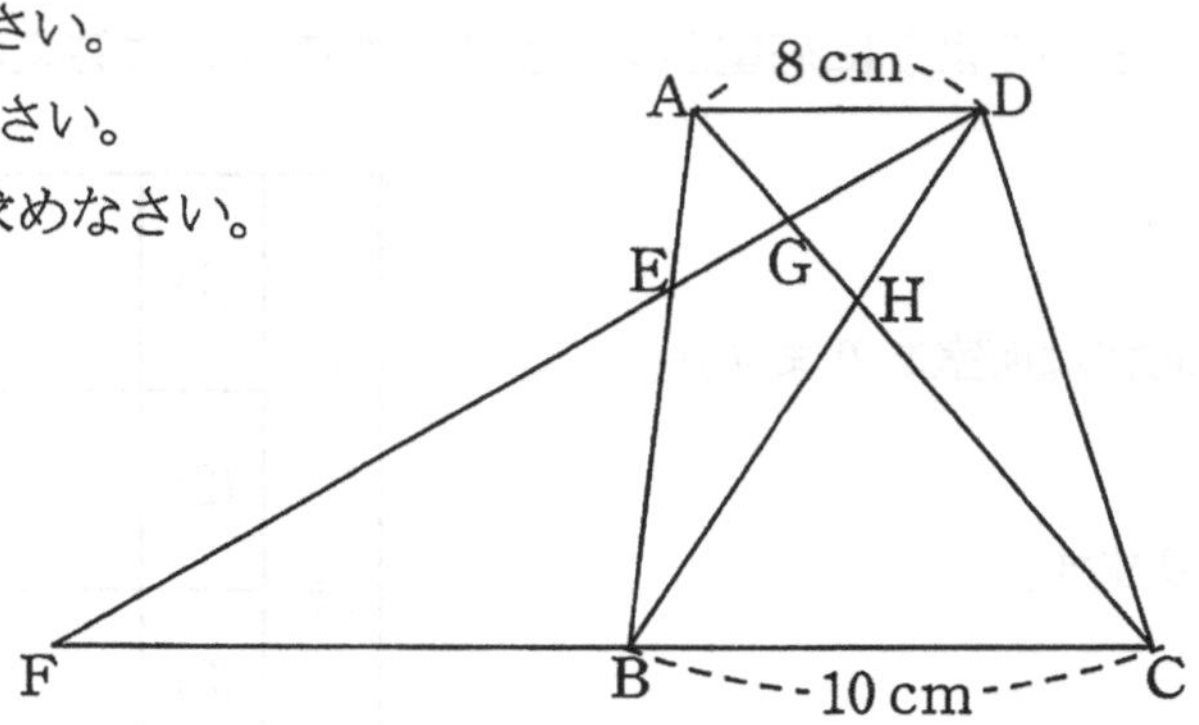


| 答え | | |
|---|---|---|
| | (1) | cm |
| | (2) | DH：BH＝　　： |
| | (3) | AG：GH：HC<br>＝　　：　　： |

6．［図１］は［図２］の立方体の展開図です。次の問いに答えなさい。

(1)　①，②，③の点は，［図２］の立方体のどの頂点となりますか。
A～Hで答えなさい。

(2)　［図１］の展開図の点Ｐ，Ｑ，Ｒを通る平面で
［図２］の立方体ＡＢＣＤ－ＥＦＧＨを切るとき，
その切り口は何角形になりますか。

(3)　立方体は１辺の長さが６ｃｍで，点Ｐ，Ｑ，Ｒはそれぞれの辺のまん中の点とします。このとき，(2)で切り分けた２つの立体のうち，点Ｂを含む側の立体の体積を求めなさい。

［図１］

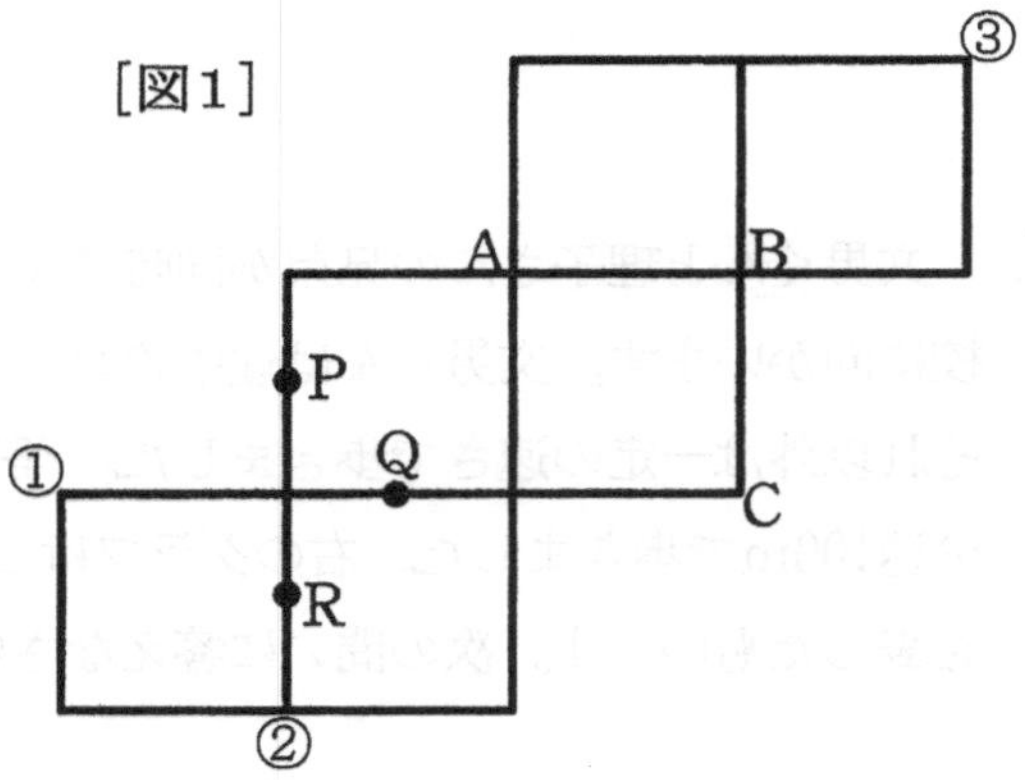


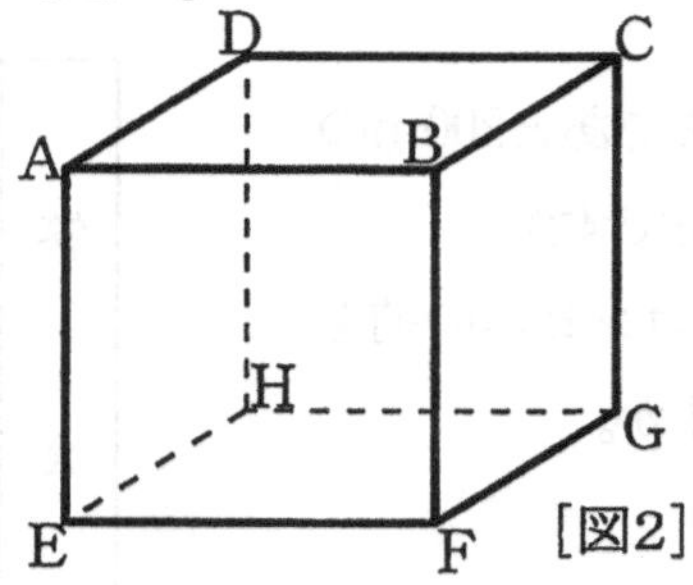


［図2］

| 答え | | | | | | | |
|---|---|---|---|---|---|---|---|
| | (1) | ① | | ② | | ③ | |
| | (2) | 角形 | | | | | |
| | (3) | $cm^3$ | | | | | |



K 教英出版

# 令和三年度徳島文理中学校前期入学試験問題

## 第一限　国語（その七）

※100点満点
（配点非公表）

| 受験番号 |
| --- |
| |

## 解答欄

一

問一
㋐ （まれた）
㋑
㋒
㋓
㋔

問二
A
B
C

問三

問四

問五

問六
↓
↓
↓

問七

受験番号

# 令和三年度徳島文理中学校前期入学試験問題

## 第一限　国語（その八）

解答欄

二

問一
㋐
㋑
㋒
㋓
㋔

問二
A
B
C

問三

問四

問五

問六
ア
イ
ウ

問七

問八

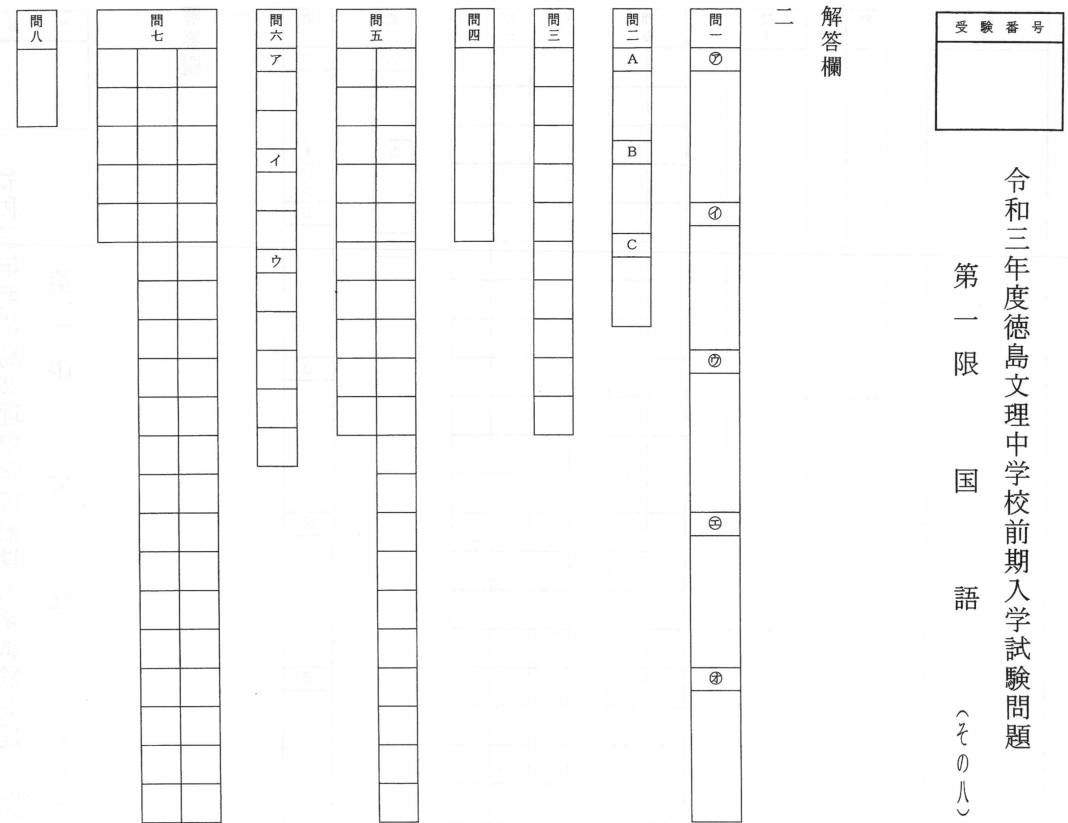

| 受験番号 |
| --- |
| |

# 令和二年度徳島文理中学校前期入学試験問題

## 第一限　国　語　(60分)　(その一)

注意　解答欄《かいとうらん》は問題用紙の(その五)・(その六)にあります。

一　次の文章を読んで、後の問いに答えなさい。(ただし、問題の都合《つごう》上、一部改変したところがあります。)

[1]　和はしばしば誤解されます。じつはその誤解を解くために『和の思想』を書いたのですが、和を生み出した日本人自身がいまだに①和について誤った先入観をもっているのではないかと思われてなりません。

[2]　たとえば「クラスで人の和を大事にしよう」というと、ほとんどの人は「クラスのみんなが仲よくすることだ」と思います。次に仲よくするためには「みんなが同じでなければならない」と考えます。クラスに三十人いたら、ほんとうは一人一人がみなちがうのに、そのちがいを無視して、みんな同じでなければならないと考える。これはとても窮屈《きゅうくつ》な考え方です。

[3]　それどころか弊害《へいがい》があります。和＝仲よくすること、②みんなが同じになることと考えると、同じになれない人は和に反していることになります。クラスの中に変わった子がいると、いじめられることがありますが、その㋐原因はここにあります。昭和戦争中、戦争に一致《いっち》協力しない人を「非国民」と呼びました。これは国家的ないじめです。このような歪《ゆが》められた和は異質なものを排除《はいじょ》する原因にもなるわけです。

[4]　では、③ほんとうの和とはなにか。本来の和とはたがいに異なるもの同士が調和しあうことです。音楽には和音がありますが、ド・ミ・ソとかド・ファ・ラのように異なる音が調和しあうことです。もしド・ド・ドとかファ・ファ・ファのように同じ音を重ねても和音とはいわないし、調和ともいいません。音が大きくなるだけのことです。

[5]　料理には「和《あ》える」という調理法があります。蒟蒻《こんにゃく》の白和えは蒟蒻と豆腐を混ぜたもの、筍《たけのこ》の木の芽和えは筍と山椒《さんしょう》の芽を混ぜたものです。このように「和える」とは異なる㋑ショクザイを混ぜあわせて、なじませることです。同じもの同士、蒟蒻と蒟蒻、筍と筍をいくら混ぜても「和える」とはいいません。

[6]　同じように人と人との関係においても、和とはたがいに異なる者同士がたがいのちがいを認めたうえで協調しあうことです。同じ考え、似た性格の人がいっしょに何かをしても和ではありません。実《じつ》は馴《な》れあいにすぎないかもしれません。

[7]　友だちでも夫婦でも、はじめから相手が自分と同じだと思って接していると破綻《はたん》する。なぜなら友だちであれ夫婦であれ、人はみな異なるからです。そこではじめから相手は自分とはちがうのだと思って接することが大事であるということになります。

[8]　日本史で出てくる聖徳太子の「④十七条の憲法」の第一条は「和をもって貴しとなす(以和為貴)」ですが、これもただ仲よくしようというのではありません。聖徳太子の時代、大和朝廷《ちょうてい》には有力な豪族《ごうぞく》たちがいて、どうにも政治がうまくゆかない。しばしば武力闘争《とうそう》になる。そこで「和をもって貴しとなす」というのは豪族たちの利害や言い分のちがいをわかったうえで、武力によらず、どうにか政治つまり話し合いで折りあってゆこうということなのです。

[9]　このようにたがいのちがいを認めたうえで、どうにか言葉で折りあってゆくこと、これが和なのです。さらに和の理想というものがあるとすれば、それはたがいに異なるもの同士が共存するだけでなく、それぞれの個性や持ち味を思う存分㋒ハッキできる状態のことです。

[10]　このような和という考え方は今後の日本だけでなく国と国との関係においても重要な思想であり、有効な方法になるのではないでしょうか。

[11]　平和という言葉にも和の字が入っています。では平和とは何か。これについても多くの人が誤解しているようです。ほとんどの人は「戦争のない世界」「平穏《へいおん》でなごやかに暮らしていけること」と答えます。

[12]　しかし、ちょっと考えてみると、すぐわかることですが、そのような状態がありうるでしょうか。人間は一人一人みな異なる。さまざまな理想や欲望や利害を抱《かか》えている。ぶつかりあわないはずがない。

| 受験番号 |
| --- |
| |

# 令和二年度徳島文理中学校前期入学試験問題

## 第一限　国語　（その二）

13　同じように国と国もたがいに異なります。主義もちがえば㋓国益もちがいます。こちらも放っておけば㋔カナラずぶつかりあう。そして戦争になる。今の世界を眺《なが》めればわかるはずです。

14　では平和とは何か、とふたたび問われれば、主義や国益のちがいはともかくとして[A]で折りあっている状態ということになります。[A]での折りあい、つまり[A]による戦いこそが平和なのです。それは決して平穏ともなごやかともいえないかもしれません。

（長谷川　櫂《かい》「和とは何か」）

問一　波線部㋐～㋔のうち、漢字はひらがなに、カタカナは漢字に改めなさい。

㋐ 原因　㋑ ショクザイ　㋒ ハッキ　㋓ 国益　㋔ カナラ（ず）

問二　傍線部①「和について誤った先入観」について、次のⅠ・Ⅱの問いに答えなさい。

Ⅰ　「和について誤った先入観」とはどのような考え方か。三十五字程度で書きなさい。（句読点、符号《ふごう》なども字数に数えます。以下同じ。）

Ⅱ　「和について誤った先入観」が行き過ぎると、人はどうするようになるか。本文中から十字程度で書き抜きなさい。

問三　傍線部②「みんなが同じになること」とあるが、みんなが同じになって何かすることを、筆者は別のところで何と呼んでいるか。本文中から四字で書き抜きなさい。

問四　傍線部③「ほんとうの和とはなにか」を説明している部分を、5～7段落の中から四十字以内で書き抜きなさい。

問五　傍線部④「十七条の憲法」は筆者によると、どのような目的で作られたものか、説明しなさい。

問六　空欄[A]は全て同じ言葉が入る。空欄[A]にあてはまる言葉を本文中から漢字二字で書き抜きなさい。

問七　次は、文夫と理香が本文を読んで会話をしているところです。理香の発言として考えられる内容を会話に合うように、[　　]に書きなさい。

文夫　「はじめから相手は自分とはちがうのだと思って接することが大事」だと7段落で書かれてあるね。たしかに、このような心がまえをしておくと、話し合いなどで意見が食い違っても、うまく話し合いを進められるかもしれない。理香さんもそう思う？

理香　そうかな。私はそう思わないわ。なぜなら、[　　　　　　　　]からね。

文夫　たしかにそうなると困るけど、筆者は、「十七条の憲法」のように、異質な者同士の共存が大切だと考えているのではないかな。

理香　それはそうだと、私も思うわ。

# 令和二年度徳島文理中学校前期入学試験問題

## 第一限　国語（その二）

二　次の文章を読んで、後の問いに答えなさい。

クリスマスの朝、枕元《まくらもと》にプレゼントが置いてあるなんてことは、子供時代に一度として経験したことがない。［ X ］サンタクロースの存在を信じたこともないし、クリスマスに親から何をもらったかなんて話題も、よその世界の話だと思ってきた。

ファンタジーというものが住み着く隙間《すきま》もない［A］的な我が家だったが、それはどこか、母という人に似ている。母はわたしに夢を見させてくれる人ではなく、夢を覚まし、打ち砕《くだ》く人だった。しかしそういう人が、わたしには必要だったのだろうと思う。

［ Y ］我が家に、クリスマスという日がなかったわけではない。その夜は、長男である父の家（我が家）に、結婚《けっこん》した叔父《おじ》や叔母《おば》、その連れ合いなどがにぎやかに集まり、長机を出してパーティらしきことをするというのが、ある時期、数年間の習慣になっていた。

記憶《きおく》に残っているのは、九歳《きゅうさい》のころのクリスマスだ。普段《ふだん》は暗い納戸に置かれた母の三面鏡が、その日だけは仏間に移されて、小さなクリスマスツリーの飾《かざ》り台となる。誰《だれ》の㋐ハツアンだったのだろう。おそらく母だ。

ツリーは小さくしかも一個しかないわけだが、三面鏡のちからで、点灯する灯りも㋑一挙に三倍。とてもクリスマスらしいあでやかな空間が出現する。夢を打ち砕く㋒覚めた母は、一方でどのようにすれば人が夢をみることができるのかという、その仕組み自体はよく知っていた。じつに①それらしい空間を作るのがうまく、ひな祭りにしろ、子供たちの誕生日会にしろ、少しの工夫でわたしたちに一瞬《いっしゅん》の夢を見させてくれた。

クリスマスの夜もそうだった。ことさらお金をかけたものではなくとも、手作りの、いつもとは少し違《ちが》う華《はな》やかな料理が食卓《しょくたく》に並び、叔父叔母は一様に、「お義姉《ねえ》さん、大変だったでしょう」と母をねぎらう。母は本当に頑張《がんば》ったと思う。子供たちはまだ小さく、当時はすでに祖父がおらず、㋓カジ能力のない祖母を立てながらも、なんでも一人でやらざるをえなかった。子供たちの枕辺にプレゼントを置くなんて、そんなおしゃれなことは考える余裕《よゆう》もなかっただろう。料理の最後には、いつも母が天火でせっせと焼いた「焼きりんご」が出てきて大人たちを喜ばせたが、わたしはどうしても好きにはなれなかった。

嫌《いや》といえば、皆《みな》の前でジングルベルを歌わされたり、ピエロのような三角帽《さんかくぼう》をかぶらされたりするのも嫌だった。けれど写真のなかのわたしはどれも楽しげに笑っている。クリスマスの日には、大人も子供も少しだけ、「クリスマスの日のわたし」を演じる。そんなふうな笑い方だ。

ある年、一度だけのことだが、わたしと妹は忘れられないクリスマスプレゼントをもらった。親からではない。叔母からだ。

この叔母には子供がおらず、叔母夫妻は、何かの機会をとらえて、よくそんなふうにわたしたちにプレゼントをくれた。子供をもつ親は、わたしもそうだが、他人の子に対し、自分の子の延長でとらえる。そこには「狎《な》れ」のようなものがあるが、子供のいない叔母は相手が子供でも距離《きょり》をおき、大人のように㋔ソンチョウし、ちょっと遠慮《えんりょ》しながら、吟味《ぎんみ》したという感触《かんしょく》の残るプレゼントをくれる。

リボンを解き、箱をあける。なかから現れたのは赤いスエードの革の手袋《てぶくろ》だ。手首のところに白いうさぎの毛の縁取《ふちど》りがついている。グリム童話のなかのお姫様《ひめさま》が身につけるような手袋だ。

当時わたしが身につけていたのは、母の編んだ毛糸の手袋。親指以外は袋状態になっている、いわゆるミトンの手袋である。かぎ針編みで、青色とピンク色が縞《しま》模様になっている。わたしはその色彩《しきさい》がどうしても好きになれなかった。むしろピンクだけ、青だけであったのならよかったのに、この二色が組み合わさると、なぜだか［B］的な嫌悪《けんお》感がわきあがる。その理由は

受験番号

# 令和二年度徳島文理中学校前期入学試験問題

## 第一限　国　語　（その四）

今もわからない。どうしてもその組み合わせが嫌なのだ。けれど文句を言えるわけもなかった。それをはめなければ、寒い思いをして、手にあかぎれをつくるだけ。

　しかし嫌なものを嫌だと思いながらはめているうち、あきらめなのか慣れなのか、だんだんとそれがどんなものより、わたし自身のように思えてくる。②あの不思議な感覚は一体なんだろう。嫌だ、嫌だと思うものこそが、自分自身を作っていく。比べてうさぎの毛のついた赤い手袋は、わたしが永遠にあこがれる何か。「わたし自身」にはなりようもない何かだ。それはいつも、わたしの外にある。確かに学校にしていくには上等すぎた。みんなに騒《さわ》がれるのは目に見えていた。子供［C］界みたいなものがあるとして、そんなところだったら似合うかもしれない。

実際、あの手袋をわたしはどんなところへはめていったのだろう？　驚《おどろ》くべきことにまったく記憶《きおく》がない。

記憶にしみついているのは、繰り返すが、嫌だなあと思いながらはめていた手袋のほう。なくなってしまえばいいと思ってみても、右と左が毛糸でつながっていたものだから、ついに落とし物にさえ、なってくれない。消耗《しょうもう》され、使い古され、大人になる途中《とちゅう》のどこかで、それは役目を終えただろう。

けれどわたしは、③赤い革の手袋を忘れたわけではない。冬、デパートの手袋売り場で同じような手袋を見ると、今でもちょっと眼がとまる。毛糸で編んだものよりは、相当に高い値がついている。いいなと思い、一瞬迷う。自分がはめたところを想像する。でも買わない。買うのは、いつも、結局、毛糸の手袋だが、ピンクと青の組み合わせではもちろんない。探そうとしてもあんな手袋は、④母以外の誰も作らない。

（小池昌代《こいけまさよ》「クリスマスの手袋」）

問一　波線部㋐〜㋔のうち、漢字はひらがなに、カタカナは漢字に改めなさい。

㋐　ハツアン　㋑　一挙　㋒　覚（めた）　㋓　カジ　㋔　ソンチョウ

問二　空欄［X］［Y］に入る適当な言葉を、次のア〜オの中から一つずつ選び、それぞれ記号で答えなさい。

ア　とはいえ　イ　つまり　ウ　だから　エ　ところで　オ　たとえば

問三　空欄［A］［B］［C］に入る言葉を次のア〜オの中から一つずつ選び、それぞれ記号で答えなさい。

ア　社交　イ　生理　ウ　理想　エ　現実　オ　論理

問四　傍線部①「それらしい空間」とはどのような空間か。三十字以内で答えなさい。

問五　傍線部②「あの不思議な感覚」とはどのような感覚か。三十字以内で答えなさい。

問六　傍線部③「赤い革の手袋」とは「わたし」にとってどのようなものか。本文中から十字で書き抜きなさい。

問七　傍線部④「母以外の誰も作らない」とあるが、ここには「わたし」が母を、どのような存在としてとらえている気持ちがこめられているか。次のア〜エの中から適当なものを選び、記号で答えなさい。

ア　恐ろしい存在　イ　かけがえのない存在　ウ　嫌悪する存在　エ　かわいそうな存在

令和２年度　　　　　徳島文理中学校前期入学試験問題

| | |
|---|---|
| 受験番号 | |

# 第２限　算数　（その１）

※100点満点
（配点非公表）

（60分）

１．次の計算をしなさい。

(1) $\frac{3}{4} \div \frac{5}{6} - \frac{1}{2}$

(2) $\left(\frac{1}{4} + \frac{3}{8}\right) \div 0.125$

(3) $1+2+3+4+5+\cdots\cdots+47+48+49+50$

(4) $\{(0.53+0.72)\times 0.4+5\}\times 0.77$

(5) $\frac{6}{7} - \frac{5}{6} + \frac{4}{5} - \frac{3}{4} + \frac{2}{3} - \frac{1}{2}$

| | | |
|---|---|---|
| 答え | (1) | |
| | (2) | |
| | (3) | |
| | (4) | |
| | (5) | |

２．$\frac{1}{7}$ を小数にしたとき，次の問いに答えなさい。

(1) 小数第２位の数字を答えなさい。
（たとえば 0.357 なら，小数第1位の数字は3，小数第2位の数字は5 です。）

(2) 小数第８位の数字を答えなさい。

(3) 小数第 50 位の数字を答えなさい。

| | | |
|---|---|---|
| 答え | (1) | |
| | (2) | |
| | (3) | |

３．文理くんは，図書館に行くのにいつもは午後4時に家を自転車で出発して，午後4時半に着いています。
家を出ると，はじめの1kmは下り坂で，次の1.5kmは上り坂，次に平らな道を4km進むと到着します。

今日もいつも通り午後4時に家を出たのですが，途中で忘れ物に気がつき，引き返しました。

お母さんも文理くんが忘れていることに気がつき，忘れ物を届けるために午後4時9分に家を電動自転車で出発しました。

次の問いに答えなさい。

ただし，文理くんの自転車の速さは，上り坂では平らな道の0.5倍，下り坂では平らな道の2倍になります。お母さんの電動自転車の速さは上り坂も下り坂も平らな道も同じ時速15kmです。

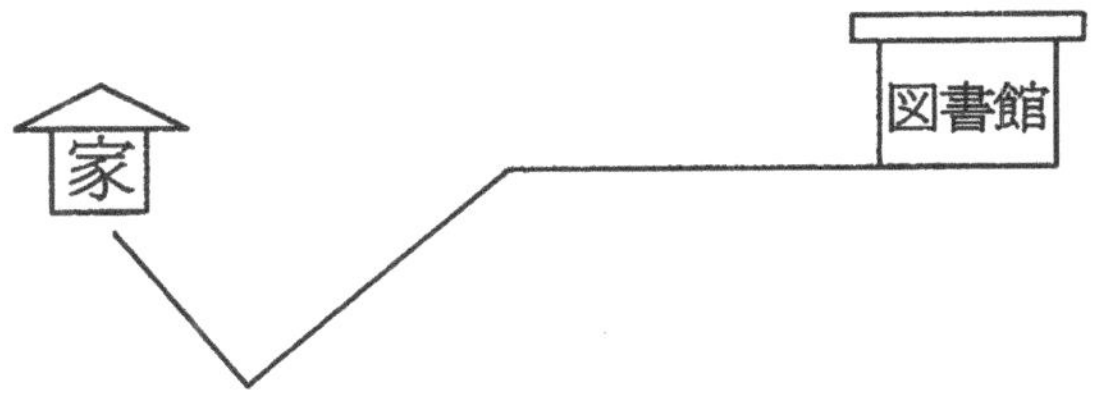


(1) 時速15kmの速さで進むと，1km進むには何分かかりますか。
(2) 文理くんの平らな道での自転車の速さは時速何kmですか。
(3) 文理くんが4時15分に引き返し始めたとすると，お母さんと出会ったのは何時何分ですか。

| | | |
|---|---|---|
| 答え | (1) | 分 |
| | (2) | 時速　　　km |
| | (3) | 時　　　分 |

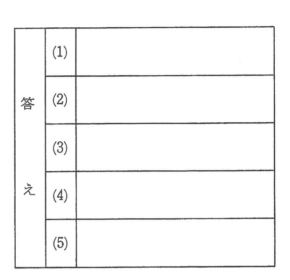

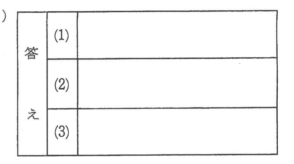

令和２年度　　　　徳島文理中学校前期入学試験問題

| 受験番号 | |
|---|---|

## 第２限　算数　（その2）

４． (1)～(2) は，(ア)，(イ) の角度を求めなさい。(3) は，斜線部分の面積の合計を求めなさい。
ただし，円周率は3.14 とします。

(1)
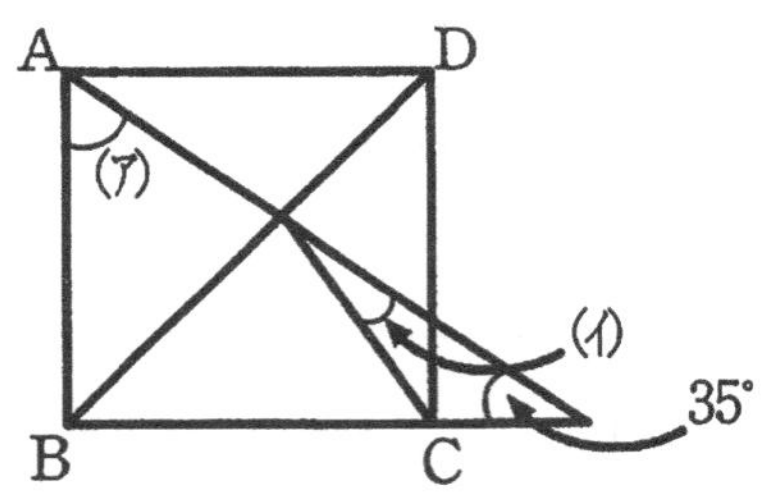

（四角形ABCDは正方形）

(2)
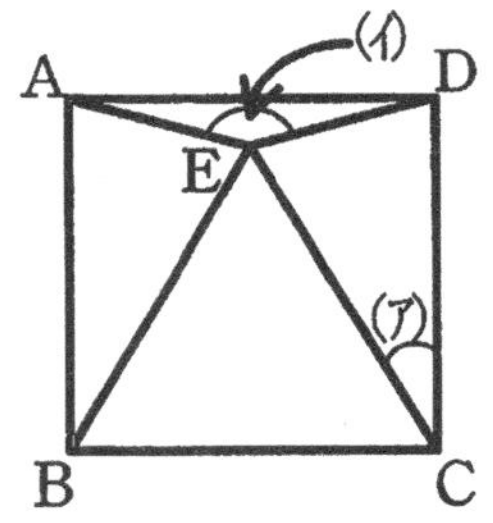

（四角形ABCDは正方形
三角形EBCは正三角形）

(3)
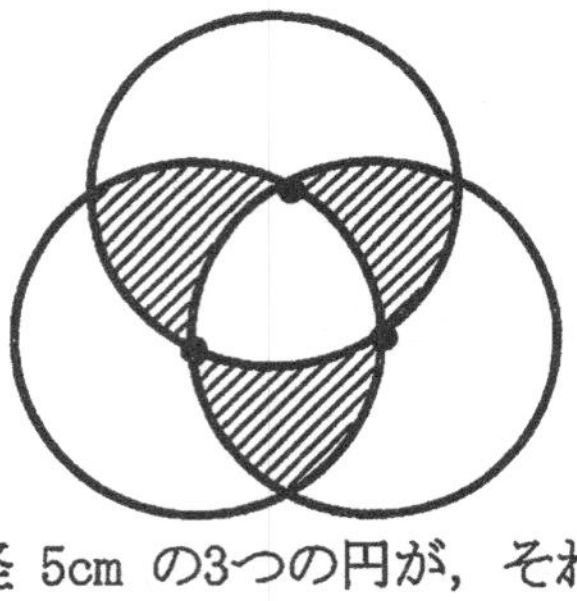
半径 5cm の3つの円が，それぞれ
ほかの2つの円の中心を通っています。

| | | | | | |
|---|---|---|---|---|---|
| 答え | (1) | (ア) | 度 | (イ) | 度 |
| | (2) | (ア) | 度 | (イ) | 度 |
| | (3) | $cm^2$ | | | |

５． 三角形ABCの辺 BCを４等分する点をＢに近いほうからＤ，Ｅ，Ｆとします。
ACを３等分する点をＡに近い方からＧ，Ｈとします。

このとき，次の問いに答えなさい。
(1) 三角形ABD と三角形AEC の面積の比を求めなさい。
(2) 三角形ABF と三角形ABH の面積の比を求めなさい。
(3) 四角形ABEG は三角形ABC の面積の何倍ですか。

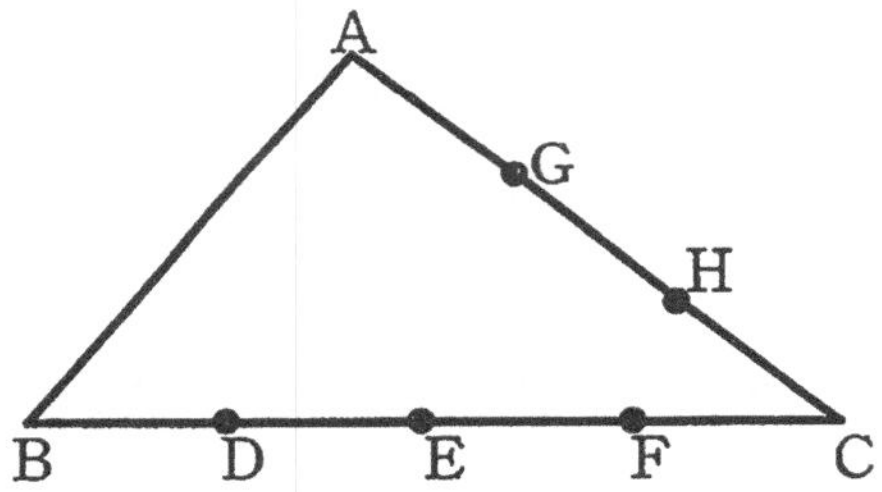


| | | |
|---|---|---|
| 答え | (1) | 三角形ABD ：三角形AEC ＝　　： |
| | (2) | 三角形ABF ：三角形ABH ＝　　： |
| | (3) | 倍 |

６． 図1は，一辺が 6cmの立方体ABCD－EFGH です。
(1) ①，② に一致する頂点を求め A～H で答えなさい。
(2) 図２はこの立方体の展開図で，展開図上の線は頂点Dを通る平面で
この立方体を切ったときの切り口の線分の一部です。

点M は頂点A から 4cm，点N は②の点から 4cm 離れた位置にあります。

この切り口の形は何角形ですか。
(3) この面で立方体を切ったとき頂点H を含む側の体積を求めなさい。

［図１］
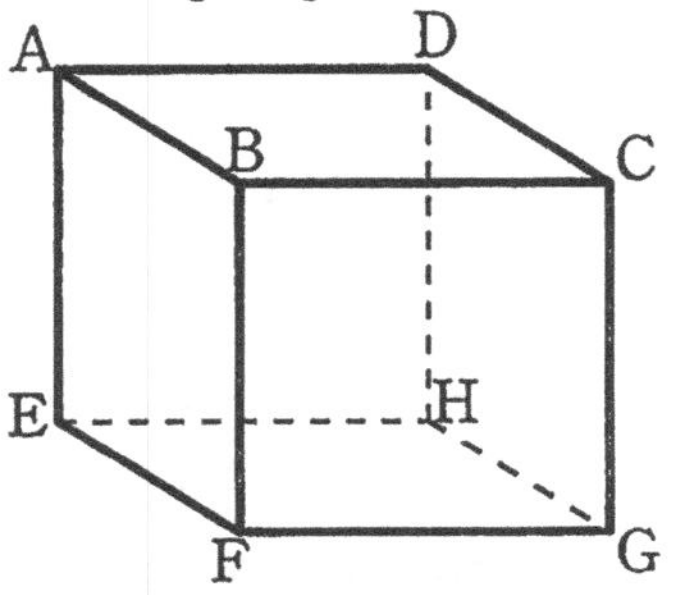


［図２］
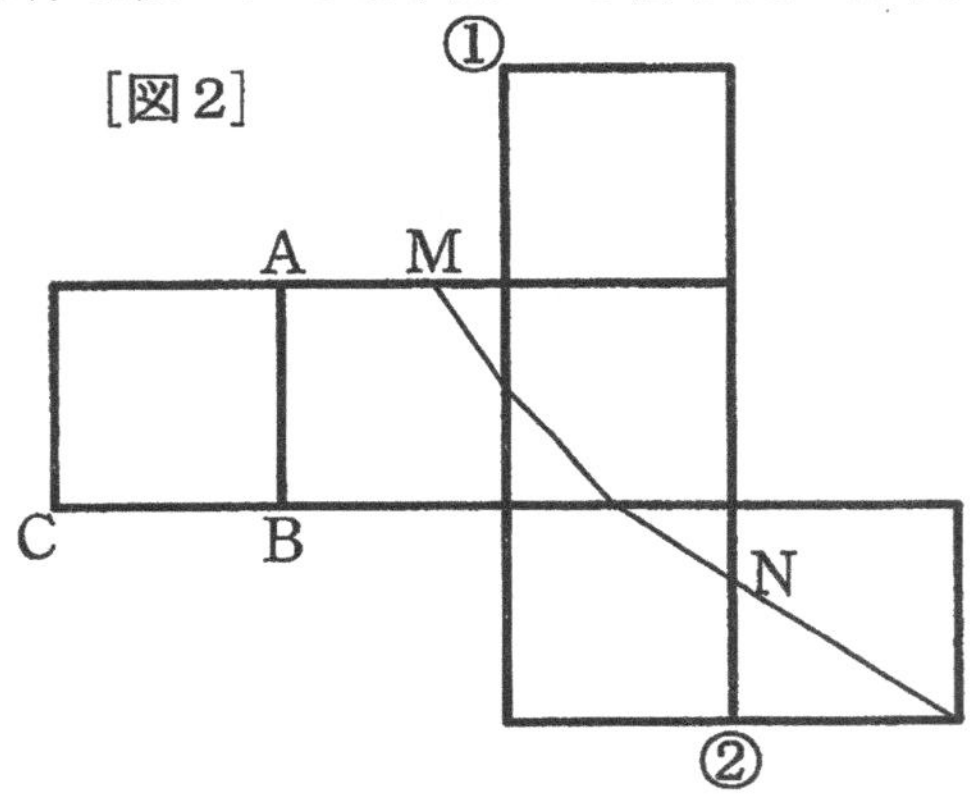


| | | | | | |
|---|---|---|---|---|---|
| 答え | (1) | ① | | ② | |
| | (2) | 角形 | | | |
| | (3) | $cm^3$ | | | |

受験番号

# 令和二年度徳島文理中学校前期入学試験問題

## 第一限　国語（その五）

※100点満点
（配点非公表）

解答欄

一

問一
㋐
㋑
㋒
㋓
㋔
（ず）

問二
Ⅰ
Ⅱ

問三

問四

問五

問六

問七

# 令和二年度徳島文理中学校前期入学試験問題

## 第一限　国語　（その六）

受験番号

解答欄

二

問一
㋐
㋑
㋒（めた）
㋓
㋔

問二
X
Y

問三
A
B
C

問四

問五

問六

問七